LES 99 NOMS D'ALLAH

Le journal

de

....

COPYRIGHT DEPUIS 2016 PAR MAISON D'EDITION FBCT

Tous droits réservés.
Toute reproduction totale ou partielle sous n'importe quelle forme que ce soit incluant copie, photocopie, enregistrement et tout autre méthode électronique est strictement interdite sans l'autorisation de l'auteur. Seules sont autorisées, d'une part, les reproductions strictement réservées à l'usage privé du copiste et non destinées à une utilisation collective, et d'autre part, les courtes citations justifiées par le caractère scientifique ou d'information de l'œuvre dans laquelle elles sont incorporées (art. L. 122-4, L. 122-5 et L. 335-2 du Code de la propriété intellectuelle).

Suivez-nous sur Instagram @maisondedition
Et n'hésitez pas à nous laisser un avis sur Amazon, nous vous invitons chaleureusement à partager votre expérience sur votre planner. Votre feedback est précieux pour nous et pour les autres clients intéressés par ce produit sur Amazon.

MERCI

**AU NOM D'ALLAH,
L'INFINIMENT MISÉRICORDIEUX, LE TRÈS MISÉRICORDIEUX**

Ce carnet est dédié à l'apprentissage des 99 noms d'Allah
& a été conçu pour intensifier votre relation avec Allah.

In shà Allah

Qu'Allah nous facilite l'apprentissage de Ses plus beaux attributs
et de l'orienter vers le seul objectif qui est de le satisfaire.

Amin

L'investissement d'une vie

الله

Quoi de mieux pour se rapprocher du Créateur, que de connaître tous Ses noms et attributs, afin de Le louer avec ces noms, lors de nos invocations, se rapportant de nos espoirs, problèmes, objectifs, ou remerciements.

> *Allah dit :*
> « C'est à Allah qu'appartiennent les noms les plus beaux. Invoquez-le donc par ces noms. »
> (S. Al-Acrâf (7), v. 180.)

Chaque jour qu'Allah fait et fera, vous découvrirez
Les noms de Notre créateur
avec leurs traductions et les bienfaits qui leurs sont associés. Profitez de pouvoir apprendre chaque jour par la grâce d'Allah au rythme de votre choix.

Plus notre connaissance des noms et attributs d'Allah augmente, plus notre connaissance d'Allah se parfait tout comme notre amour pour Lui.

Ce planner est donc conçu pour vous faciliter la mémorisation des noms grâce à une alternance d'apprentissage de lecture et d'écriture comprenant également leur révision.

La science et l'apprentissage de la science de la religion sont les meilleures choses auxquelles on puisse consacrer le plus précieux de son temps.

Les beaux noms d'Allah si parfaits nous serviront tout au long de notre vie, en les apprenant, les comprenant, les appliquant avec notre cœur et nos membres en fonction des situations rencontrées.

Qu'Allah nous facilite l'apprentissage de ses 99 noms.

Conseils d'apprentissage

CONSEILS POUR L'APPRENTISSAGE

1 · L'APPRENTISSAGE AUDITIF

Trouver un audio pour vérifier la prononciation, et aider à la mémorisation.
Voici un lien Youtube vers un programme d'apprentissage :

https://youtube.com/@dhikrduasquran5608

Vous pouvez également scanner le QR code pour accéder à la chaine directement :

La chaîne

La vidéo directement

2 · L'APPRENTISSAGE VISUEL

Utiliser les pages d'apprentissage des noms d'Allah et les fiches de note de ce planner ou/et un cahier à côté pour y écrire Les noms d'Allah ainsi que leur significations.
Le fait d'écrire vous aidera ainsi la mémoire visuelle entrera en jeu.

3 · LES RÉVISIONS

Espacer les temps de révision pour une mémorisation durable.
Se laisser le temps d'assimiler les informations apprises pendant 2 jours puis revenir sur les cours et de nouveau laisser 2 jours d'assimilation puis reprendre la révision.
C'est une solution efficace car fractionnée et répétée.

Conseils d'apprentissage

Ô VOUS QUI CROYEZ ! EVOQUEZ ALLAH D'UNE FAÇON ABONDANTE.
SOURATE AL AHZAB LES COALISÉS 33 VERSET 41

CONSEILS POUR L'APPRENTISSAGE

4

METHODE DE MÉMORISATION

Je vous propose de mémoriser les noms d'Allah
(soubhanna wa ta3ala) **par groupe de 3**
Plus facile et moins lourd pour la mémoire.
(jusqu'à 5 pour ceux qui ont plus de facilité d'apprentissage, c'est vous qui choisissez).

1- Lire 3 fois à haute voix chacun des noms,

2- lire mentalement 3 fois en se focalisant sur l'orthographe,

3- dissimuler les noms et les dicter à voix haute à 3 reprises.

4- la même méthode est utilisée pour le groupe suivant de 3 noms.

5- lire à haute voix les 3 noms suivants,
par la même occasion nous révisons les 3 noms précédents.
(ex: on étudie un groupe de 3 + un autre groupe de 3, ensuite le groupe de 6 au complet pour établir le lien d'ordre logique).

Ce lien est utile afin de se remémorer tous les noms dans l'ordre.

Exemple: Le premier groupe de 3 noms est
" Ar-Rahman, ar-Rahim, al-Malik",

1- je lis 3 fois à haute voix
2- je lis 3 fois en tête et me concentre sur l'orthographe
3- je cache les noms, et je les dicte à haute voix.

Conseil: Lorsque je constate que je connais le 1er groupe de 3, je continue avec le 2eme groupe. Dans le cas contraire, je recommence la méthode tout en restant concentré et calme.

4- Je lis les 3 prochains noms :" al Quddus, as-Salam, al-Mou'min"
en appliquant la même méthode que le premier groupe.

5- Je répète à haute voix, avec concentration le groupe de 6 noms :
"Ar-Rahman, ar-Rahim, al Malik, al Quddus, as-Salam, al-Mu'min"

Lorsque je les connais par coeur, je continue...

6- Je lis le prochain groupe de 3 : " Al Muhaymin, al Aziz, Al-Jabbâr",
j'applique la même méthode !
Lorsque je les connais je les ajoute au groupe de 3 mots précédent, ça donne :
"al Quddus, as-Salam, al Mu'min, al Muhaymin, al Aziz, Al-Jabbâr"...

QUELLES SONT LES VERTUS DES NOMS D'ALLAH ?

Bénéficier de l'amour d'Allah : Avoir le privilège de bien connaître son Seigneur. (l'homme ne peut donc L'adorer sans le connaître.)
Mieux L'invoquer et L'adorer.
Connaître leur sens et s'y attacher, les utiliser au quotidien
Méditer sur la création pour se rapprocher du Créateur
Bien Se comporter avec les créatures d'Allah

« ET CELUI QUI FAIT PREUVE DE PIÉTÉ ENVERS ALLÂH, IL LUI ACCORDE UNE ISSUE ET LUI ACCORDE LA SUBSISTANCE D'OÙ IL NE S'ATTEND PAS ; ET CELUI QUI SE FIE À ALLÂH IL LUI SUFFIT »
[SOÛRAT 'AṬ-ṬALÂQ/V.2-3])

MES OBJECTIFS D'APPRENTISSAGE

MES OBJECTIFS RELIGIEUX

MES OBJECTIFS AU QUOTIDIEN

MES OBJECTIFS PERSONNELS

اللَّهُمَّ لَا سَهْلَ إِلَّا مَا جَعَلْتَهُ سَهْلًا وَإِنَّكَ تَجْعَلُ الْحَزْنَ إِذَا شِئْتَ سَهْلًا

(Allâhoumma lâ sahla 'illâ mâ ja`altahou sahlâ wa 'innaka taj`alou l-ḥazna 'idhâ chi'ta sahlâ)

ce qui signifie:

« Ô Allâh, n'est facile que ce que Tu rends facile et si Tu veux Tu rends ce qui est dure facile ».

J'écris Les noms que je connais

On les appelle أسماء الله الحسنى :
ASMA' ALLAH AL-ḤUSNÁ
CE QUI SIGNIFIE "LES PLUS BEAUX NOMS DE DIEU"

J'écris Les noms que je connais

On les appelle أسماء الله الحسنى :
ASMA' ALLAH AL-ḤUSNÁ
CE QUI SIGNIFIE "LES PLUS BEAUX NOMS DE DIEU"

Les 99 noms

الحمد لله رب العالمين

LA LOUANGE EST À ALLÂH, LE CRÉATEUR DU MONDE.

LE MESSAGER DE ALLĀH, ṢALLA L-LĀHOU ʿALAYHI WA SALLAM A DIT:

طلب العلم فريضة على كل مسلم

CE QUI SIGNIFIE:
« QUÉRIR LA SCIENCE DE LA RELIGION EST UNE OBLIGATION POUR CHAQUE MUSULMAN », [RAPPORTÉ PAR AL-BAYHAQIYY]

5 السلام As-Salām	6 المؤمن Al-Muʾmin	7 المهيمن Al-Muhaymin	8 العزيز Al-ʿAzīz
13 المصور Al-Muṣawwir	14 الغفار Al-Ghaffār	15 القهار Al-Qahhār	16 الوهاب Al-Wahhāb
21 الباسط Al-Bāsiṭ	22 الخافض Al-Khāfiḍ	23 الرافع Ar-Rāfiʿ	24 المعز Al-Muʿizz
29 العدل Al-ʿAdl	30 اللطيف Al-Laṭīf	31 الخبير Al-Khabīr	32 الحليم Al-Ḥalīm
37 الكبير Al-Kabīr	38 الحفيظ Al-Ḥafīdh	39 المقيت Al-Muqīt	40 الحسيب Al-Ḥasīb

ABOU DARDA (QU'ALLAH L'AGRÉE) A DIT:
J'AI CERTES ENTENDU LE PROPHÈTE
(QUE LA PRIÈRE D'ALLAH ET SON SALUT SOIENT SUR LUI) DIRE:
"CELUI QUI EMPRUNTE UN CHEMIN PAR LEQUEL IL RECHERCHE UNE SCIENCE
ALLAH LUI FAIT PRENDRE PAR CELA UN CHEMIN VERS LE PARADIS")

41 الجليل Al-Jalīl	42 الكريم Al-Karīm	43 الرقيب Ar-Raqīb	44 المجيب Al-Mujīb
49 الباعث Al-Bā'ith	50 الشهيد Ash shahīd	51 الحق Al-Haqq	52 الوكيل Al-Wakīl
57 المحصي Al-Muhsi	58 المبدئ Al-Mubdi'	59 المعيد Al-Mu'īd	60 المحيي Al-Muhyī
65 الماجد Al-Mājid	66 الواحد Al-Wāhid	67 الأحد Al-Ahad	68 الصمد As-Samad
73 الأول Al-Awwal	74 الآخر Al-Ākhir	75 الظاهر Az-Zāhir	76 الباطن Al-Bātin

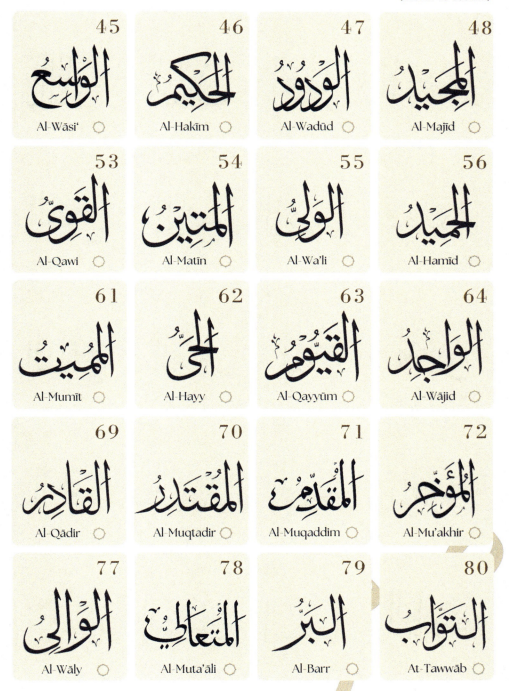

"LES JARDINS D'EDEN, OÙ ILS ENTRERONT, AINSI QUE TOUS CEUX DE LEURS ASCENDANTS, CONJOINTS ET DESCENDANTS QUI ONT ÉTÉ DE BONS CROYANTS. DE CHAQUE PORTE, LES ANGES ENTRERONT AUPRÈS D'EUX : "PAIX SUR VOUS, POUR CE QUE VOUS AVEZ ENDURÉ AVEC PATIENCE !" COMME EST BONNE VOTRE DEMEURE FINALE!

S.13 V.23-24

RECHERCHER LA SCIENCE

D'après Aicha (radiallahou 'anha),
le prophète ﷺ a dit :

« Aucun homme n'est sorti de sa maison pour la recherche de la science sans qu'Allah ne lui facilite un chemin vers le paradis. »

[Rapporté par at Tabarani]

LES 99 NOMS D'ALLAH

Ce chiffre est fondé sur un hadith du Prophète ﷺ rapporté par Abu Hurayra :

« Certes Dieu a 99 noms, cent moins un. Quiconque les énumère entrera dans le Paradis ; Il est le singulier (witr) qui aime qu'on énumère Ses noms un à un. »

(Rapporté par Boukhari dans son Sahih n°2736 et Mouslim dans son Sahih n°2677)

LE RAPPEL D'ALLAH (DHIKR) EST CERTES CE QU'IL Y A DE PLUS GRAND.

S.29 V.45

LES 99 NOMS D'ALLAH, LA CROYANCE EN SES NOMS ET ATTRIBUTS

Signifie avoir la certitude que Ses Noms et Attributs sont propres à Allah Seul, sans aucune ressemblance à tout être, entité ou créature. Croire avec certitude qu'Allah S'est attribué Ses Noms et que Ses Attributs ne sont en rien conditionnés par une quelconque cause, limitation, augmentation ou diminution quelconque dans le temps ni le l'espace.

Les 99 noms et attributs d'Allah et le Tawhid

Dans le cadre du Tawhid, les 99 noms d'Allah sont considérés comme une manifestation de son Unicité et de sa Grandeur. Chaque Nom révèle un aspect différent du caractère divin, permettant aux croyants de mieux connaître et comprendre leur Créateur.

Chercher à connaître Allah c'est se préoccuper du but pour lequel on a été créé et s'en détourner revient à négliger ce but. La foi ne se limite pas seulement aux paroles : la vraie foi en Allah implique la connaissance par le serviteur de son Seigneur, de par Ses noms et attributs. Et sa foi se consolide proportionnellement à sa connaissance de son Seigneur. La connaissance d'Allah pousse à L'aimer, à Le craindre, à nourrir de l'espoir auprès de Lui et à œuvrer de manière sincère pour Lui. C'est çà le bonheur véritable pour le serviteur. Il n'est pas, par ailleurs, possible de connaître Allah sans, au préalable, connaître ses Beaux Noms et leur signification.

Admettre qu'Allah est L'Unique Dieu,
Seul Créateur de toutes les créatures et l'Univers,
Le Seul Digne d'adoration, balaie forcément toute forme de polythéisme en soi.
La foi se résume en six piliers qui sont la croyance pure en :

-Allah (Ses Noms et Ses Attributs),
-Ses Livres,
-Ses Anges,
-Ses Prophètes et Messagers,
-Le Jour Dernier,
-et le Destin qu'il soit bon ou mauvais.

Multiplier les invocations en faveur du Prophète ﷺ
est une grande cause de facilité en disant par exemple 100 fois:

اللهم صل على محمد وعلى آله وصحبه وسلم

(Allāhoumma ṣalli ʿalā Mouḥammad wa ʿalā ʾālihi wa ṣaḥbihi wa sallim)

BISMILLAH

«من يرد الله به خيرا يفقهه في الدين إنما العلم بالتعلم والفقه بالتفقه»
(Man youridi l-Lāh bih khayran youfaqihou fī dīn innama l-`ilmou bi t-ta`alloum wa l-fiqhou bi t-tafaqih)

ce qui signifie :
« Celui pour qui Allāh veut le bien, Il lui facilite l'apprentissage de la religion,
certes la science de la religion est par transmission orale »
[rapporté par Al Boukhāriyy].

الله

[Allâh]

Dieu

« Le Dieu » littéralement
Celui qui est la divinité, c'est-à-dire Celui qui mérite
l'adoration, et à qui on doit l'extrême soumission et
l'extrême humilité.

VERSETS / HADITH
dans lesquels ce nom est mentionné..

_____
_____
_____
_____
_____
_____
_____
_____

ALLAH Y SAHEL
Je fais dua avec ce nom pour ...

_____
_____
_____
_____
_____
_____

J'ÉCRIS
pour la mémoire visuelle

الله

Allah

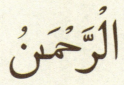

[Ar-Rahmān]

Le Tout-Miséricordieux

Le très miséricordieux, l'infiniment bon,
le plus tendre et aimant, et le bien faisant.
Celui qui pardonne, qui a de la compassion et qui accorde
les bienfaits aux musulmans

VERSETS / HADITH
dans lesquels ce nom est mentionné..

" Au nom d'Allah, le Tout Miséricordieux, le Très Miséricordieux. Louange à Allah, Seigneur de l'univers ". (Coran S1: V1-2)

Le Prophète ﷺ aurait dit: «Al-Rahman est le Tout Miséricordieux, dont l'amour et la miséricorde se manifestent dans la création du monde, et al-Rahim est miséricordieux dont l'amour et la miséricorde se manifestent dans l'état qui vient après »

ALLAH Y SAHEL
Je fais dua avec ce nom pour ...

J'ÉCRIS
pour la mémoire visuelle

الرَّحْمَنُ الرَّحْمَنُ

Ar-Rahmān

[Ar-Rahīm]

Le Très Miséricordieux

Le très miséricordieux, l'infiniment bon, le plus tendre et aimant, et le bien faisant. Celui qui pardonne, qui a de la compassion et qui accorde les bienfaits aux musulmans.
Celui Qui accorde des bienfaits en abondance exclusivement aux musulmans dans l'au-delà.

VERSETS / HADITH
dans lesquels ce nom est mentionné..

___

ALLAH Y SAHEL
Je fais dua avec ce nom pour ...

___

J'ÉCRIS
pour la mémoire visuelle

الرَّحِيْمُ   الرَّحِيْم

Ar-Rahīm

الْمَلِكُ

[Al-Mâlik]

Le Souverain, Le Roi

Le Souverain, Est Celui à qui ce monde appartient en réalité et en totalité et Celui dont la domination est absolue et exempte de toute imperfection alors que la domination chez les créatures est créée par Al-Malik

VERSETS / HADITH
dans lesquels ce nom est mentionné..

ALLAH Y SAHEL
Je fais dua avec ce nom pour ...

J'ÉCRIS
pour la mémoire visuelle

الْمَلِكُ

Al-Mâlik

YA ALLAH

Selon Anas, le Messager d'Allâh ﷺ a dit :
*"Ô Allâh, rien n'est facile, sauf ce que Tu as rendu facile,
et Tu es Celui qui, selon Ton vouloir, rend facile le chagrin"*

RÉVISION

الرَّحْمٰنُ

[Ar-Rahmân]

Le Tout-Miséricordieux

الرَّحْمٰنُ

[   ]

الرَّحِيمُ

[Ar-Rahîm]

Le Très Miséricordieux

الرَّحِيمُ

[   ]

الْمَلِكُ

[Al-Mâlik]

Le Souverain, Le Roi

الْمَلِكُ

[   ]

[Al-Quddūs]

Le Saint

Le Pur, Le Sanctifié. Représente tous les saints, ce nom est même plus proche de l'infiniment saint. Celui Qui est exempt de tout alter-ego ou d'avoir des adversaires, de tout enfant, de toute caractéristique ou appellation humaine comme l'endroit, le temps ou l'ignorance, car Al-Quddus est Ce Qui les crée et Ce Qui crée toutes les autres créatures et Qui est exempt de toute forme de ressemblance avec les humains et de toute imperfection.

VERSETS / HADITH
dans lesquels ce nom est mentionné..

"C'est Lui Allah, Nulle divinité autre que Lui, Le Souverain, Le Pur, L'Apaisant, Le Rassurant, Le Prédominant, Le Tout Puissant, Le Contraignant, L'Orgueilleux. Gloire à Allah ! Il transcende ce qu'ils Lui associent" . (Coran S.59: V.23)

ALLAH Y SAHEL
Je fais dua avec ce nom pour ...

J'ÉCRIS
pour la mémoire visuelle

الْقُدُّوسُ الْقُدُّوسُ

Al-Quddūs

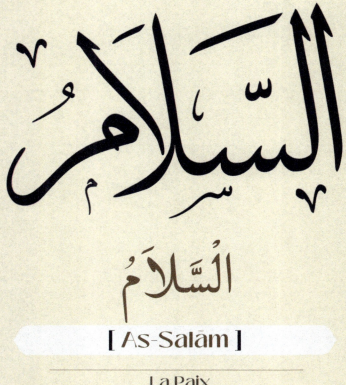

[As-Salām]

La Paix

Celui qui procure la paix, le calme et la sérénité. En citant ce nom, on déclare la paix pour soi-même et pour ceux qui nous entourent. Allah répand la paix sur l'univers, la sécurité et le salut de l'humanité.

VERSETS / HADITH
dans lesquels ce nom est mentionné..

ALLAH Y SAHEL
Je fais dua avec ce nom pour ...

J'ÉCRIS
pour la mémoire visuelle

السَّلَامُ   السَّلَامُ

As-Salām

المُؤمِنُ

[Al-Mu'min]

Le Sécurisant, Le Rassurant

Le Fidèle, le Sécurisant, le confiant. Celui qui rassure et dissout la peur de ceux qui s'en remettent à Lui.

VERSETS / HADITH
dans lesquels ce nom est mentionné...

ALLAH Y SAHEL
Je fais dua avec ce nom pour ...

J'ÉCRIS
pour la mémoire visuelle

الْمُؤْمِنُ الْمُؤْمِنُ

Al-Mu'min

RÉVISION

Notez ici les Noms avec lesquels vous avez des difficultés

RÉVISION

القُدُّوسُ
[Al-Quddūs]
Le Saint

القُدُّوسُ
[_____]
_____

السَّلَامُ
[As-Salām]
La Paix

السَّلَامُ
[_____]
_____

المُؤْمِنُ
[Al-Mu'min]
Le Sécurisant, Le Rassurant

المُؤْمِنُ
[_____]
_____

[Al-Muhäymin]

Le Dominateur Suprême

Le Préservateur, Celui qui domine Sa création et par Son omnigérance sous tous les aspects, aucun état ni aucun aspect dans ce monde ou dans l'autre n'échappe à Sa volonté

VERSETS / HADITH
dans lesquels ce nom est mentionné..

ALLAH Y SAHEL
Je fais dua avec ce nom pour ...

J'ÉCRIS
pour la mémoire visuelle

الْمُهَيْمِنُ

Al-Muhäymin

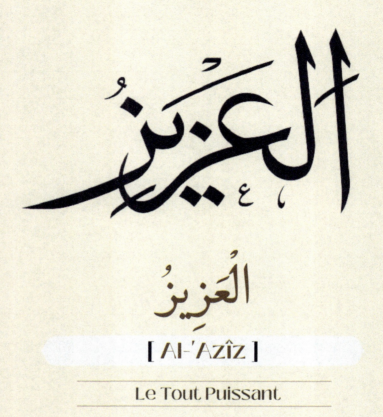

العَزِيزُ

[Al-'Azîz]

Le Tout Puissant

Celui qui détient l'infinie puissance, celui que l'on chérit et que l'on adore. Le glorieux par sa suprématie et par sa grandeur, aL-Aziz veut dire dans un sens celui qui est cher et précieux aux yeux de ses créatures

VERSETS / HADITH
dans lesquels ce nom est mentionné..

ALLAH Y SAHEL
Je fais dua avec ce nom pour ...

J'ÉCRIS
pour la mémoire visuelle

الْعَزِيزُ

Al-'Azîz

[Al-Jabbār]

L'Imposant

Le grandiose, le puissant par sa grandeur et sa force illimitée.
Celui qui pose et lève les contraintes, régit l'univers.
Celui qui domine et contraint. L'Imposant, Le grandiose, l'ultime
puissant par Sa grandeur et Sa force illimitée.
Lorsqu'Il détruit les oppresseurs (injustes et pécheurs)
Il applique Sa sentence avec Justice.

VERSETS / HADITH
dans lesquels ce nom est mentionné..

ALLAH Y SAHEL
Je fais dua avec ce nom pour ...

J'ÉCRIS
pour la mémoire visuelle

الْجَبَّارُ   الْجَبَّارُ   الْجَبَّارُ

Al-Jabbār

AL-BAQARA V.2 S.152

" Souvenez-vous de Moi et Je me souviendrai de vous. "

RÉVISION

المُهَيْمِنُ	المُهَيْمِنُ
[Al-Muhäymin]	[............]
Le Dominateur Suprême	

العَزِيزُ	العَزِيزُ
[Al-'Azîz]	[............]
Le Tout Puissant	

الجَبَّارُ	الجَبَّارُ
[Al-Jabbār]	[............]
L'Imposant	

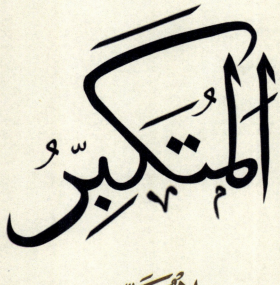

[Al-Mutakabbir]

Le Suprême, Le Majestueux

Le Suprême, Le Majestueux, Celui qui est supérieur à Ses créatures, nulle créature n'a le droit de prétendre à la grandeur. Celui qui est superieur à ses créatures, nulle créature n'a le droit de prétendre la grandiosité.

VERSETS / HADITH
dans lesquels ce nom est mentionné..

ALLAH Y SAHEL
Je fais dua avec ce nom pour ...

J'ÉCRIS
pour la mémoire visuelle

المُتَكَبِّرُ

Al-Mutakabbir

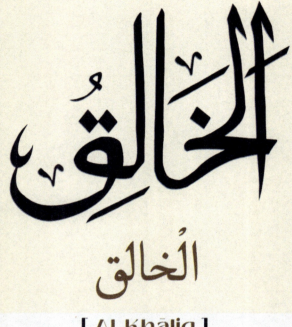

[Al-Khāliq]

Le Créateur

Le Créateur, le Déterminant, Celui qui donne la mesure de toute chose, de toutes existences, vivantes ou bien mortes, mobiles ou figées. Le CREATEUR dans le sens général, Celui Qui fait exister les choses, les fait passer de la non-existence (le néant) à l'existence, et ceci est le fait de créer ; cet univers n'a pas d'autre créateur dans ce sens

VERSETS / HADITH
dans lesquels ce nom est mentionné..

"C'est Lui Allah, le Créateur, Celui qui donne un commencement à toute chose, le Formateur. A Lui les plus beaux noms. Tout ce qui est dans les cieux et la terre Le glorifie. Et c'est Lui le Puissant, le Sage." Coran - Sourate 59 Al Hasr - l'Exode verset 24

ALLAH Y SAHEL
Je fais dua avec ce nom pour ...

J'ÉCRIS
pour ta mémoire visuelle

الخالق الخالق

Al-Khāliq

الْبَارِئُ

[Al-Bārî]

Le Producteur

Celui qui lève Sa création au-dessus de tous défauts ou imperfections. Le Créateur, le Producteur, le Novateur

VERSETS / HADITH
dans lesquels ce nom est mentionné..

_____
_____
_____
_____
_____
_____
_____
_____

ALLAH Y SAHEL
Je fais dua avec ce nom pour ...

_____
_____
_____
_____
_____
_____

J'ÉCRIS
pour la mémoire visuelle

الْبَارِئُ

Al-Bārî

RÉVISION

Notez ici les Noms avec lesquels vous avez des difficultés

RÉVISION

[Al-Mutakabbir]

Le Suprême, Le Majestueux

[   ]

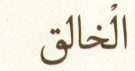

[Al-Khâliq]

Le Créateur

[   ]

[Al-Barî]

Le Producteur

[   ]

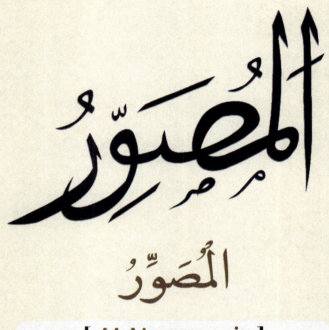

المُصَوِّرُ

[Al-Musawwir]

Celui qui façonne, Le Formateur

Celui qui crée les créatures sous différents aspects.
Celui qui donne l'apparence à chaque création de l'intérieur ainsi
que de l'extérieur de différentes formes et en nombres différents.

VERSETS / HADITH
dans lesquels ce nom est mentionné..

_____

_____

_____

_____

_____

_____

_____

_____

ALLAH Y SAHEL
Je fais dua avec ce nom pour ...

_____

_____

_____

_____

_____

_____

_____

J'ÉCRIS
pour la mémoire visuelle

الْمُصَوِّرُ

_____

Al-Musawwir

_____

_____

الْغَفَّار

[Al-Ghaffâr]

L'Infini Pardonneur

L'Infini Pardonneur, Est Celui qui pardonne ce qu'Il veut à qui Il veut. Celui qui pardonne les péchés des croyants

VERSETS / HADITH
dans lesquels ce nom est mentionné..

_____
_____
_____
_____
_____
_____
_____
_____
_____
_____

ALLAH Y SAHEL
Je fais dua avec ce nom pour ...

_____
_____
_____
_____
_____
_____
_____
_____

J'ÉCRIS
pour la mémoire visuelle

الْغَفَّار الْغَفَّار

Al-Ghaffâr

القهّار

الْقَهَّار

[Al-Qahhār]

Le Tout Dominateur

Celui Qui est tout puissant à soumettre toute créature à la mort
Le Tout Dominateur, à soumettre toute création à Sa volonté.

VERSETS / HADITH
dans lesquels ce nom est mentionné..

ALLAH Y SAHEL
Je fais dua avec ce nom pour ...

J'ÉCRIS
pour la mémoire visuelle

الْقَهَّار الْقَهَّار

Al-Qahhār

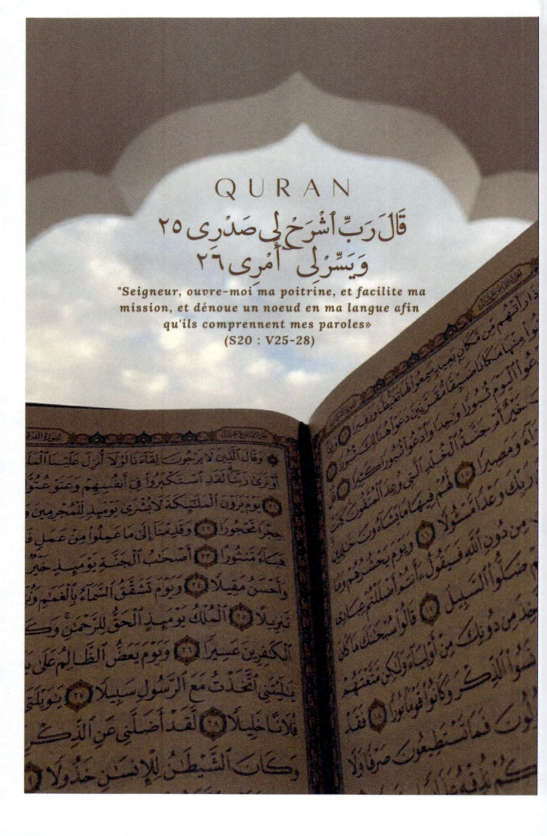

RÉVISION

المُصَوِّرُ
[Al-Musawwir]
Celui qui façonne, Le Formateur

المُصَوِّرُ
[_____]

الغَفَّارُ
[Al-Ghaffâr]
L'Infini Pardonneur

الغَفَّارُ
[_____]

القَهَّارُ
[Al-Qahhar]
Le Tout Dominateur

القَهَّارُ
[_____]

[Al-Wahhāb]

Le Très Généreux

Le Très Généreux, Est Celui qui donne immensément sans rien recevoir en retour.

VERSETS / HADITH
dans lesquels ce nom est mentionné..

ALLAH Y SAHEL
Je fais dua avec ce nom pour ...

J'ÉCRIS
pour la mémoire visuelle

الوَهَّابُ الوَهَّابُ

Al-Wahhāb

الرَّزَّاقُ

الرَّزَّاقُ

[Ar-Razzāq]

Le Grand Pourvoyeur

Celui qui fait parvenir à toute créature ce dont elle a besoin ;
La subsistance est tout ce qui profite.

VERSETS / HADITH
dans lesquels ce nom est mentionné..

ALLAH Y SAHEL
Je fais dua avec ce nom pour ...

J'ÉCRIS
pour la mémoire visuelle

الْرَّزَّاقُ   الْرَّزَّاق

Ar-Razzāq

الفَتَّاحُ

[Al-Fattāh]

Le Grand Juge

Celui Qui donne accès aux créatures aux actes de bien en leur facilitant les actes dignes et vertueux. Celui Qui seul connait les clés du futur et l'inconnu, de par Sa connaissance et de par Sa sagesse.

VERSETS / HADITH
dans lesquels ce nom est mentionné..

_____
_____
_____
_____
_____
_____
_____
_____

ALLAH Y SAHEL
Je fais dua avec ce nom pour ...

_____
_____
_____
_____
_____
_____
_____

J'ÉCRIS
pour la mémoire visuelle

الفَتَّاحُ الفَتَّاح

Al-Fattāh _____
_____
_____

RÉVISION

Notez ici les Noms avec lesquels vous avez des difficultés

RÉVISION

الْوَهَّابُ

[Al-Wahhâb]

Le Très Généreux

الْوَهَّابُ

[..................]

الرَّزَّاقُ

[Ar-Razzâq]

Le Grand Pourvoyeur

الرَّزَّاقُ

[..................]

الْفَتَّاحُ

[Al-Fattâh]

Le Grand Juge

الْفَتَّاحُ

[..................]

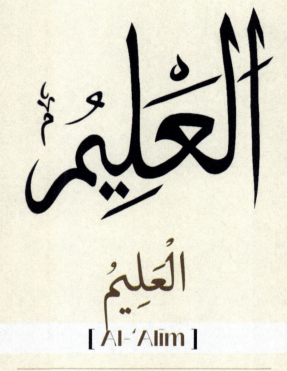

[Al-ʾAlīm]

L'Omniscient

Celui de qui rien ne peut se cacher, car Il connaît tout et est conscient de tout. Celui pour Qui rien de ce qui peut ou ne peut pas exister n'est caché, même ce qu'aucune créature ne sait et ne peut imaginer ; et il n'est pas permis d'attribuer à al-^Alim la perspicacité.

VERSETS / HADITH
dans lesquels ce nom est mentionné..

ALLAH Y SAHEL
Je fais dua avec ce nom pour ...

J'ÉCRIS
pour la mémoire visuelle

الْعَلِيمُ

Al-'Alīm

القابضُ

القَابِضُ

[Al-Qabid]

Celui Qui saisit

Celui Qui restreint la subsistance conformément à une sagesse.
Celui qui retient et qui rétracte.

VERSETS / HADITH
dans lesquels ce nom est mentionné..

ALLAH Y SAHEL
Je fais dua avec ce nom pour ...

J'ÉCRIS
pour la mémoire visuelle

الْقَابِضُ الْقَابِضُ

Al-Qabid

الباسط

الْبَاسِطُ

[Al-Bāsit]

Le Généreux

Celui Qui augmente et multiplie la subsistance conformément à une perfection et sans la moindre imperfection. Celui qui étend Sa générosité

VERSETS / HADITH
dans lesquels ce nom est mentionné..

ALLAH Y SAHEL
Je fais dua avec ce nom pour ...

J'ÉCRIS
pour la mémoire visuelle

الْبَاسِطُ الْبَاسِطُ

Al-Bāsit

AL-A'RAF V.180 S.7

« C'est à Dieu qu'appartiennent les plus beaux noms. Servez-vous de ces noms quand vous l'invoquez. Eloignez-vous de ceux qui les profanent et qui seront rétribués selon leurs actes »

RÉVISION

الْعَلِيمُ
[Al-'Alim]
L'Omniscient

الْعَلِيمُ
[　　　　]

الْقَابِضُ
[Al-Qabid]
Celui Qui saisit

الْقَابِضُ
[　　　　]

الْبَاسِطُ
[Al-Basit]
Le Généreux

الْبَاسِطُ
[　　　　]

الخَافِضُ

الْخَافِضُ

[Al-Khāfid]

Celui qui abaisse

Celui Qui destine les oppresseurs et les orgueilleux au rabaissement et au châtiment.

VERSETS / HADITH
dans lesquels ce nom est mentionné..

ALLAH Y SAHEL
Je fais dua avec ce nom pour ...

J'ÉCRIS
pour la mémoire visuelle

الْخَافِضُ

Al-Khāfid

الرَّافِعُ

الرَّافِعُ

[Ar-Rāfi']

Celui qui élève

Celui qui élève, L'ELEVEUR, celui qui élève l'honneur, le statut et le prestige d'un être dans ce bas monde et dans l'au-delà.

VERSETS / HADITH
dans lesquels ce nom est mentionné..

ALLAH Y SAHEL
Je fais dua avec ce nom pour ...

J'ÉCRIS
pour la mémoire visuelle

الرَّافِعُ

Ar-Rāfi'

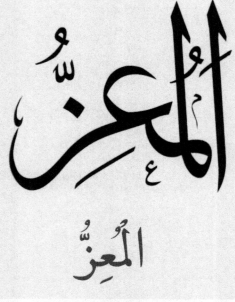

[Al-Mu'izz]

Celui qui rend puissant

Celui qui offre l'honneur et la valeur précieuse.

VERSETS / HADITH
dans lesquels ce nom est mentionné...

ALLAH Y SAHEL
Je fais dua avec ce nom pour ...

J'ÉCRIS
pour la mémoire visuelle

الْمُعِزُّ

Al-Mu'izz

RÉVISION

Notez ici les Noms avec lesquels vous avez des difficultés

RÉVISION

الْخَافِضُ
[Al-Khâfid]
Celui qui abaisse

الْخَافِضُ
[_____]

الرَّافِعُ
[Ar-Rafi']
Celui qui élève

الرَّافِعُ
[_____]

الْمُعِزُّ
[Al-Mu'izz]
Celui qui rend puissant

الْمُعِزُّ
[_____]

المُذِلّ

[Al-Mudhill]

Celui qui humilie les fiers

Celui qui peut humilier et dévaloriser n'importe quel valeureux.
Celui qui humilie les fiers.
Celui qui destine les non-croyants à un séjour en enfer

VERSETS / HADITH
dans lesquels ce nom est mentionné..

ALLAH Y SAHEL
Je fais dua avec ce nom pour ...

J'ÉCRIS
pour la mémoire visuelle

المُذِلُّ

Al-Mudhill

[As-Samī']

L'Audient, Celui qui entend toute chose

Celui qui entend tout, celui qui accorde les demandes à ceux qui l'invoquent. Celui qui entend tout bruit ou son dans Son royaume émanant de n'importe quelle créature et aussi Celui qui écoute les invocations de Ses créatures pour répondre à leurs invocations.

VERSETS / HADITH
dans lesquels ce nom est mentionné...

ALLAH Y SAHEL
Je fais dua avec ce nom pour ...

J'ÉCRIS
pour la mémoire visuelle

اَلسَّمِيعُ

As-Samī'

النَّصِيرُ

البَصِيرُ

[Al-Basīr]

Le Clairvoyant

Celui à qui rien de ce qui existe ou entre en existence ne peut échapper, sans le moindre usage d'œil, d'instrument ou d'organe. Le Voyant, Celui qui voit toute chose

VERSETS / HADITH
dans lesquels ce nom est mentionné..

ALLAH Y SAHEL
Je fais dua avec ce nom pour ...

J'ÉCRIS
pour la mémoire visuelle

البَصِيرُ

Al-Basīr

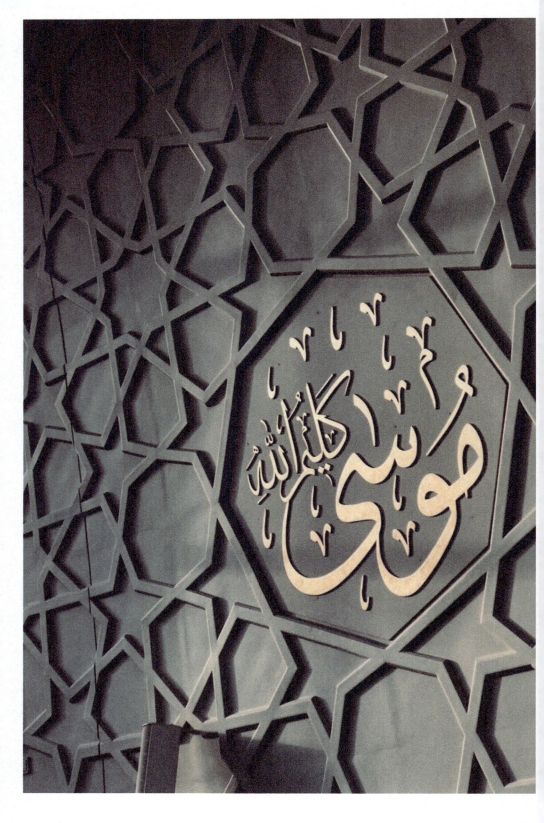

RÉVISION

المُذِلُّ
[Al-Mudhill]
Celui qui humilie les fiers

المُذِلُّ
[_____]

السَّمِيعُ
[As-Samī']
L'Audient, Celui qui entend toute chose

السَّمِيعُ
[_____]

البَصِيرُ
[Al-Basīr]
Le Clairvoyant

البَصِيرُ
[_____]

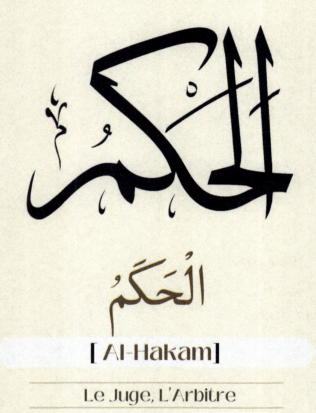

[Al-Hakam]

Le Juge, L'Arbitre

Celui Qui départage les créatures dans l'au-delà et ce qui assure l'équité entre les créatures et nul autre ne va et ne pourra les départager et les juger ; et le Jugement dans l'au-delà sera parfaitement juste et approprié

VERSETS / HADITH
dans lesquels ce nom est mentionné..

ALLAH Y SAHEL
Je fais dua avec ce nom pour ...

J'ÉCRIS
pour la mémoire visuelle

الْحَكَمُ

Al-Hakam

العَدْلُ

[Al-'Adl]

Le Juste

Celui Qui est exempt de toute forme d'injustice et d'oppression car l'injustice ne concerne que le fait d'intervenir dans ce qui appartient autrui sans autorisation.

VERSETS / HADITH
dans lesquels ce nom est mentionné..

ALLAH Y SAHEL
Je fais dua avec ce nom pour ...

J'ÉCRIS
pour la mémoire visuelle

الْعَدْلُ

Al-'Adl

[Al-Latif]

Le Doux

Celui Qui accorde aux créatures croyantes des bienfaits cachés si nombreux qu'ils ne pourraient les énumérer

VERSETS / HADITH
dans lesquels ce nom est mentionné..

_____
_____
_____
_____
_____
_____
_____
_____

ALLAH Y SAHEL
Je fais dua avec ce nom pour ...

_____
_____
_____
_____
_____
_____
_____

J'ÉCRIS
pour la mémoire visuelle

اللَّطِيفُ   اللَّطِيف

Al-Latīf _____
_____
_____

RÉVISION

Notez ici les Noms avec lesquels vous avez des difficultés

RÉVISION

الْحَكَمُ
[Al-Hakam]
Le Juge, L'Arbitre

الْحَكَمُ
[_____]

الْعَدْلُ
[Al-'Adl]
Le Juste

الْعَدْلُ
[_____]

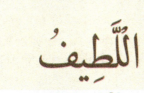

اللَّطِيفُ
[Al-Latif]
Le Doux

اللَّطِيفُ
[_____]

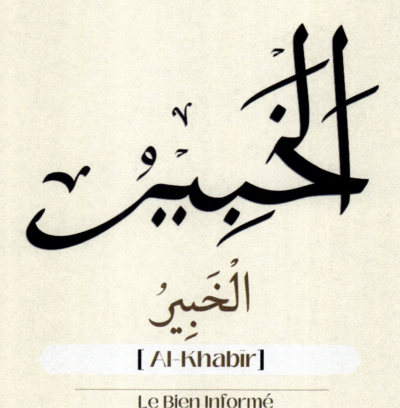

[Al-Khabīr]

Le Bien Informé

Celui à qui ne peut être cachée la réalité de chaque chose qui existe, c'est-à-dire la vérité des choses ; aucun détail ne Lui échappe ni la chose dans son ensemble, ni chacune de ses parties ; et prétendre pouvoir cacher des choses à Celui qui crée toute chose est un égarement et une mécréance.

VERSETS / HADITH
dans lesquels ce nom est mentionné..

ALLAH Y SAHEL
Je fais dua avec ce nom pour ...

J'ÉCRIS
pour ta mémoire visuelle

الْخَبِيرُ

Al-Khabīr

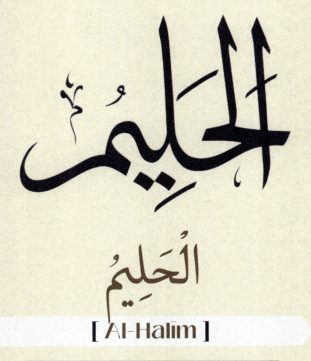

الْحَلِيمُ

[Al-Halīm]

Le Très Doux, le Très Clément

Celui dont la patience envers les mécréances des pécheurs dépasse toute imagination (il est possible que le pardon leur soit accordé). Celui Qui retarde le châtiment de ceux qui l'ont mérité.

VERSETS / HADITH
dans lesquels ce nom est mentionné..

ALLAH Y SAHEL
Je fais dua avec ce nom pour ...

J'ÉCRIS
pour la mémoire visuelle

الْحَلِيمُ

Al-Halīm

[Al-Adhîm]

L'Immense, l'Eminent

Celui qui est Gigantesquement Majestueux et Fantastiquement Grandiose loin de toute imperfection corporelle ou matérielle.

VERSETS / HADITH
dans lesquels ce nom est mentionné...

ALLAH Y SAHEL
Je fais dua avec ce nom pour ...

J'ÉCRIS
pour la mémoire visuelle

الْعَظِيمُ

Al-Adhīm

LOUANGE À ALLAH,

Seigneur de l'univers. Le Tout Miséricordieux, le Très Miséricordieux,
Maître du Jour de la rétribution

(Sourate Al-Fātihah – Le Prologue, versets 2-4)

RÉVISION

الْخَبِيرُ
[Al-Khabir]
Le Bien Informé

الْخَبِيرُ
[_____]
_____

الْحَلِيمُ
[Al-Halim]
Le Très Doux, le Très Clément

الْحَلِيمُ
[_____]
_____

الْعَظِيمُ
[Al-Adhim]
L'Immense, l'Eminent

الْعَظِيمُ
[_____]
_____

الغَفُورُ

[Al-Ġafhūr]

Le Très Pardonneur

Celui Qui pardonne immensément maintes et maintes fois

VERSETS / HADITH
dans lesquels ce nom est mentionné..

ALLAH Y SAHEL
Je fais dua avec ce nom pour ...

J'ÉCRIS
pour la mémoire visuelle

الْغَفُورُ الْغَفُورُ

Al-Ġafhūr

الشكور

الشَّكُورُ

[Ash-Shakūr]

Le Très Reconnaissant

Celui qui montre Sa gratitude envers les adorations aussi incroyablement faciles soient-elles à réaliser.

VERSETS / HADITH
dans lesquels ce nom est mentionné...

ALLAH Y SAHEL
Je fais dua avec ce nom pour ...

J'ÉCRIS
pour la mémoire visuelle

الشَّكُورُ

Ash-Shakūr

العلي

العَلِيُّ

[Al-'Ali]

Le Très Haut

Le Sublime, l'Elevé, Le Très Haut, Est Celui qui est au-dessus de tous ce qu'Il a créé parfaitement et inimaginablement.

VERSETS / HADITH
dans lesquels ce nom est mentionné..

___

ALLAH Y SAHEL
Je fais dua avec ce nom pour ...

___

J'ÉCRIS
pour la mémoire visuelle

الْعَلِيُّ   الْعَلِيُّ

___

Al-'Ali

RÉVISION

Notez ici les Noms avec lesquels vous avez des difficultés

RÉVISION

الْغَفُورُ
[Al-Gafhūr]
Le Très Pardonneur

الْغَفُورُ
[_____]
_____

الشَّكُورُ
[Ash-Shakūr]
Le Très Reconnaissant

الشَّكُورُ
[_____]
_____

الْعَلِيُّ
[Al-'Ali]
Le Très Haut

الْعَلِيُّ
[_____]
_____

الكَبِيرُ

الكَبِيرُ

[Al-Kabīr]

Le Très Grand, L'Infiniment Grand

Le Grand : Celui qui est plus grand que Sa création, une grandeur que Lui seul connaît et qui ne relève pas des dimensions physiques de ce bas monde.
L'Infiniment Grand, plus élevé en Qualités que Ses créatures

VERSETS / HADITH
dans lesquels ce nom est mentionné..

ALLAH Y SAHEL
Je fais dua avec ce nom pour ...

J'ÉCRIS
pour la mémoire visuelle

الْكَبِيرُ

Al-Kabīr

[Al-Hafidh]

Le Gardien

Celui Qui protège et préserve et préserve Son bien des créatures du mal, des préjudices et de la perdition selon une destinée créée

VERSETS / HADITH
dans lesquels ce nom est mentionné..

ALLAH Y SAHEL
Je fais dua avec ce nom pour ...

J'ÉCRIS
pour la mémoire visuelle

الْحَفِيظُ الحفيظ

Al-Hafīdh

[Al-Muqit]

Celui qui nourrit

Qui accorde tous les moyens de subsistance nécessaires

VERSETS / HADITH
dans lesquels ce nom est mentionné..

ALLAH Y SAHEL
Je fais dua avec ce nom pour ...

J'ÉCRIS
pour la mémoire visuelle

المُقِيتُ

Al-Muqīt

RÉVISION

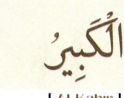

الْكَبِيرُ

[Al-Kabir]

Le Très Grand, L'Infiniment Grand

الْحَفِيظُ

[Al-Hafîdh]

Le Gardien

الْمُقِيتُ

[Al-Muqit]

Celui qui nourrit

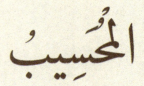

[Al-Hasīb]

Celui qui règle les comptes

Celui qui tient compte de tout, Celui qui suffit à ses créatures. Celui qui va compter tous les faits de Ses créatures sans oubli ni erreur. Celui Qui accorde aux créatures absolument tous les bienfaits qui leur parviennent, tout leur bien-être et toutes leurs satisfactions

VERSETS / HADITH
dans lesquels ce nom est mentionné..

ALLAH Y SAHEL
Je fais dua avec ce nom pour ...

J'ÉCRIS
pour la mémoire visuelle

المُحسِيب

Al-Hasīb

الجليل

الْجَلِيلُ

[Al-Jalīl]

Le Sublime, Le Majestueux

Celui qui est parfaitement exempt d'être comparé
à Ses créatures ou d'être comme Lui.
Celui Qui est attribué d'un pouvoir manifeste et sans limite.

VERSETS / HADITH
dans lesquels ce nom est mentionné..

ALLAH Y SAHEL
Je fais dua avec ce nom pour ...

J'ÉCRIS
pour la mémoire visuelle

الْجَلِيلُ

Al-Jalīl

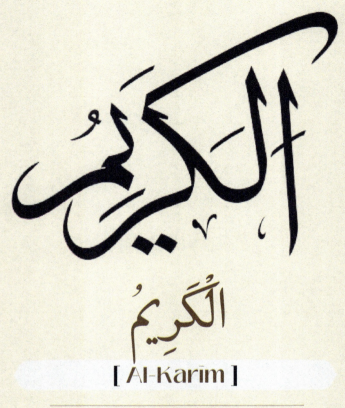

[Al-Karīm]

Le Noble, Le Généreux

Celui Qui accorde d'innombrables bienfaits et qui fait gouter à la créature les grâces et les bienfaits avant la rétribution juste du Jour du Jugement et Ce Qui accorde aux créatures des bienfaits sans contreparties. Celui qui de Sa générosité a inondé Sa création.

VERSETS / HADITH
dans lesquels ce nom est mentionné..

ALLAH Y SAHEL
Je fais dua avec ce nom pour ...

J'ÉCRIS
pour la mémoire visuelle

الْكَرِيمُ

Al-Karīm

RÉVISION

Notez ici les Noms avec lesquels vous avez des difficultés

RÉVISION

الْحَسِيبُ	الْحَسِيبُ
[Al-Hasib]	[............]
Celui qui règle les comptes	

الْجَلِيلُ	الْجَلِيلُ
[Al-Jalil]	[............]
Le Sublime, Le Majestueux	

الْكَرِيمُ	الْكَرِيمُ
[Al-Karim]	[............]
Le Noble, Le Généreux	

الرَّقِيبُ

[Ar-Raqīb]

L'Observateur

Celui qui observe et regarde tout ce qu'Il a créé
(et les actions des créatures sont aussi des créations).
Le Vigilant.

VERSETS / HADITH
dans lesquels ce nom est mentionné..

ALLAH Y SAHEL
Je fais dua avec ce nom pour ...

J'ÉCRIS
pour la mémoire visuelle

الرَّقِيب

Ar-Raqīb

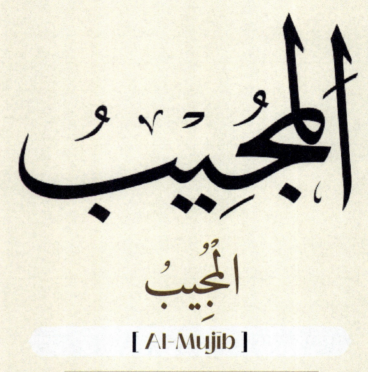

[Al-Mujīb]

Celui qui exauce les prières, Celui Qui répond

Celui qui exauce les prières, Est Celui qui exauce les invocations de Ses créatures s'Il le veut et à qui Il veut.
Celui Qui résout les problèmes de celui qui est dans le besoin s'il le demande et s'il l'implore, et Ce Qui soulage celui dont le cœur se languit s'il demande à al-Mujib pour être soulagé.

VERSETS / HADITH
dans lesquels ce nom est mentionné..

ALLAH Y SAHEL
Je fais dua avec ce nom pour ...

J'ÉCRIS
pour la mémoire visuelle

المُجِيبُ

Al-Mujīb

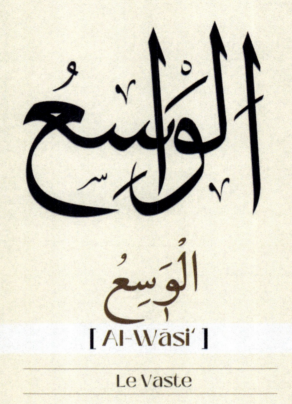

الوَاسِع

[Al-Wâsi']

Le Vaste

Celui Qui accorde des moyens de subsistance largement suffisant pour la totalité des créatures

VERSETS / HADITH
dans lesquels ce nom est mentionné..

ALLAH Y SAHEL
Je fais dua avec ce nom pour ...

J'ÉCRIS
pour la mémoire visuelle

الْوَسِعُ

Al-Wāsi'

RÉVISION

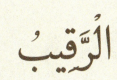
[Ar-Raqib]
L'Observateur

[_____]

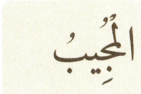
[Al-Mujib]
Celui qui exauce les prières, Celui Qui répond

[_____]

[Al-Wasi']
Le Vaste

[_____]

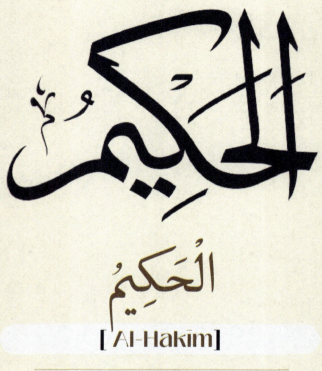

[Al-Hakîm]

Le Sage

Celui de qui la Sagesse a ébloui, éblouit et éblouira n'importe quel esprit conscient et intelligent. L'Infiniment Sage Celui Qui crée la justice, Ce Qui crée toute chose selon une destinée et Ce Dont rien des conséquences de chaque acte ne peut échapper

VERSETS / HADITH
dans lesquels ce nom est mentionné..

ALLAH Y SAHEL
Je fais dua avec ce nom pour ...

J'ÉCRIS
pour la mémoire visuelle

الْحَكِيمُ

Al-Hakīm

الودود

الوَدُودُ

[Al-Wadûd]

Le Tout affectueux

Celui Qui destine des bienfaits spécifiques et les hauts degrés de l'honneur aux serviteurs pieux et crée des récompenses pour leurs actes de bien.

VERSETS / HADITH
dans lesquels ce nom est mentionné..

ALLAH Y SAHEL
Je fais dua avec ce nom pour ...

J'ÉCRIS
pour la mémoire visuelle

الْوَدُودُ

Al-Wadūd

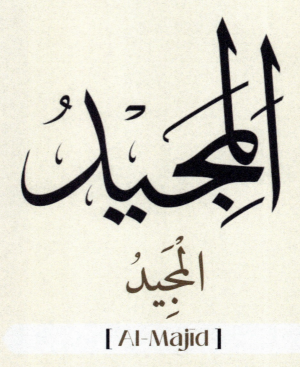

[Al-Majīd]

Le Très Glorieux

Celui qui est glorifié dans l'infiniment passé, le présent et dans l'éternel. Celui Qui peut faire preuve de l'extrême douceur et accorder aux serviteurs croyants des bienfaits sans pareil et Ce Qui surpasse sans équivalant les créatures en termes de pouvoir et de puissance. Le Très Glorieux, doté d'un Pouvoir parfait, de Haute Dignité, de Compassion.

VERSETS / HADITH
dans lesquels ce nom est mentionné...

_____

_____

_____

_____

_____

_____

_____

_____

_____

ALLAH Y SAHEL
Je fais dua avec ce nom pour ...

_____

_____

_____

_____

_____

_____

_____

J'ÉCRIS
pour ta mémoire visuelle

اَلْمَجِيدُ

Al-Majīd

RÉVISION

Notez ici les Noms avec lesquels vous avez des difficultés

RÉVISION

الْحَكِيمُ
[Al-Hakim]
Le Sage

الْحَكِيمُ
[   ]

الْوَدُودُ
[Al-Wadūd]
Le Tout affectueux

الْوَدُودُ
[   ]

الْمَجِيدُ
[Al-Majid]
Le Très Glorieux

الْمَجِيدُ
[   ]

[Al-Bā'ith]

Qui ressuscite

Celui qui ressuscite Ses serviteurs après la mort et déploie la vie dans ce qu'Il veut, soient-ils des hommes des animaux ou bien une terre tout simplement et Ce Qui les rassemble en un Jour dont l'existence ne fait pas de doute

VERSETS / HADITH
dans lesquels ce nom est mentionné..

ALLAH Y SAHEL
Je fais dua avec ce nom pour ...

J'ÉCRIS
pour la mémoire visuelle

الْبَاعِثُ

Al-Bā'ith

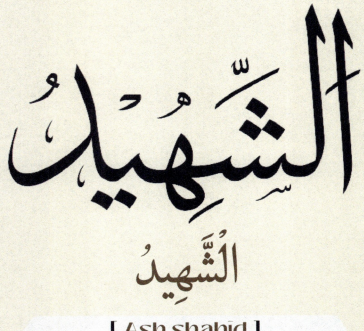

[Ash shahîd]

Le Grand Témoin

Le Grand Témoin, Le Témoin : Allah est l'ultime et parfait témoin de tout ce qui s'est passé dans Son royaume, avec des preuves claires et flagrantes, parfaitement irréprochables, chaque mal ou bien et ce témoignage ne peut en aucun cas et ni par personne être remis en cause.

VERSETS / HADITH
dans lesquels ce nom est mentionné..

ALLAH Y SAHEL
Je fais dua avec ce nom pour ...

J'ÉCRIS
pour la mémoire visuelle

الشَّهِيدُ

Ash shahīd

[Al-Haqq]

Le Véridique

Celui qui détient la Vérité absolue.

VERSETS / HADITH
dans lesquels ce nom est mentionné..

"Il en est ainsi parce qu'Allah est la vérité; et c'est Lui qui rend la vie aux morts; et c'est Lui qui est Omnipotent.." Coran - Sourate Al Hajj - Le pélerinage 22 verset 62

ALLAH Y SAHEL
Je fais dua avec ce nom pour ...

J'ÉCRIS
pour la mémoire visuelle

الْحَقُّ الْحَقُّ

Al-Haqq

RÉVISION

الْبَاعِثُ
[Al-Bā'ith]
Qui ressuscite

الْبَاعِثُ
[..................]
_____

الشَّهِيدُ
[Ash shahid]
Le Grand Témoin

الشَّهِيدُ
[..................]
_____

الْحَقُّ
[Al-Haqq]
Le Véridique

الْحَقُّ
[..................]
_____

الوَكِيلُ

[Al-Wakīl]

Le Tuteur

Celui qui garantit la subsistance des créatures et Celui à qui rien de chacun de leurs états ne peut être dissimulé.

VERSETS / HADITH
dans lesquels ce nom est mentionné..

ALLAH Y SAHEL
Je fais dua avec ce nom pour ...

J'ÉCRIS
pour la mémoire visuelle

الْوَكِيلُ

Al-Wakīl

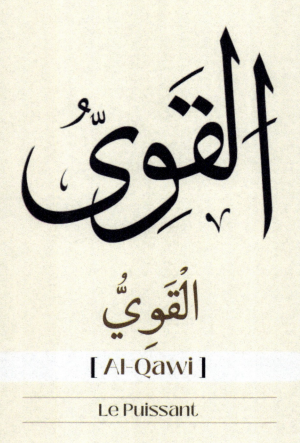

[Al-Qawi]

Le Puissant

Le Fort, Le Puissant : Allah est le plus puissant, le plus fort, sa force n'a pas de limite et ne se décrit pas avec des définitions de la force physique. Le Très-Fort, le Très-Puissant, Celui qui possède le Pouvoir complet

VERSETS / HADITH
dans lesquels ce nom est mentionné..

ALLAH Y SAHEL
Je fais dua avec ce nom pour ...

J'ÉCRIS
pour la mémoire visuelle

القَوِيُّ

Al-Qawi

[Al-Matīn]

Le Robuste, L'Endurant

Une endurance digne de lui, illimitée, infatigable, et qui n'est tachée par aucune faiblesse, sans pause, sans interruption et dont aucun facteur ne peut atténuer.
Le Très-Ferme, l'Inébranlable qui jamais ne fléchit ou ne fatigue.

VERSETS / HADITH
dans lesquels ce nom est mentionné..

ALLAH Y SAHEL
Je fais dua avec ce nom pour ...

J'ÉCRIS
pour la mémoire visuelle

المَتِينُ

Al-Matīn

RÉVISION

Notez ici les Noms avec lesquels vous avez des difficultés

RÉVISION

الوَكِيلُ
[Al-Wakil]
Le Tuteur

الوَكِيلُ
[............]

القَوِيُّ
[Al-Qawi]
Le Puissant

القَوِيُّ
[............]

المَتِينُ
[Al-Matin]
Le Robuste, L'Endurant

المَتِينُ
[............]

[Al-Wa'li]

Le Protecteur

Celui préserve les serviteurs croyants, ainsi les prophètes et ceux qui les respectent et les suivent. Le Protecteur, Est Celui qui préserve les serviteurs croyants, ainsi les prophètes et ceux qui les suivent sont ceux qui sont les « gens préservés » dans le sens où ils ont été guidés vers le remerciement obligatoire à l'égard de Celui qui les fait exister, c'est-à-dire à l'égard d'Allah

VERSETS / HADITH
dans lesquels ce nom est mentionné..

ALLAH Y SAHEL
Je fais dua avec ce nom pour ...

J'ÉCRIS
pour la mémoire visuelle

الوَلِيُّ الوَلِيُّ

Al-Wa'li

الحميد

[Al-Hamid]

Le Loué

Est Celui qui mérite plus que tout autre le remerciement, la glorification et le chant d'éloge

VERSETS / HADITH
dans lesquels ce nom est mentionné..

ALLAH Y SAHEL
Je fais dua avec ce nom pour ...

J'ÉCRIS
pour la mémoire visuelle

الْحَمِيدُ الْحَمِيد

Al-Hamīd

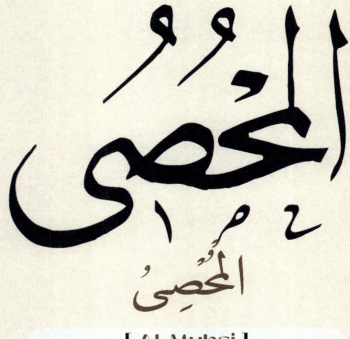

[Al-Muhsi]

Qui connaît les comptes

Celui qui connait les comptes, Traduit littéralement comme le compteur mais signifie Celui qui dénombre chaque créature, chaque acte, chaque grain de poussière dans son royaume et dont rien n'échappe à Son savoir

VERSETS / HADITH
dans lesquels ce nom est mentionné..

ALLAH Y SAHEL
Je fais dua avec ce nom pour ...

J'ÉCRIS
pour la mémoire visuelle

المُحْصِى

Al-Muhsi

RÉVISION

الْوَلِيُّ
[Al-Wa'li]
Le Protecteur

الْوَلِيُّ
[____]

الْحَمِيدُ
[Al-Hamid]
Le Loué

الْحَمِيدُ
[____]

الْمُحْصِى
[Al-Muhsi]
Qui connaît les comptes

الْمُحْصِى
[____]

[Al-Mubdi']

L'Auteur

Celui qui produit sans modèle, Celui qui donne l'Origine
Celui qui donne un début à ce qui n'existe pas sans début, sans modèle, c'est-à-dire Celui qui crée les créatures

VERSETS / HADITH
dans lesquels ce nom est mentionné..

ALLAH Y SAHEL
Je fais dua avec ce nom pour ...

J'ÉCRIS
pour la mémoire visuelle

المُبْدِئُ

Al-Mubdi'

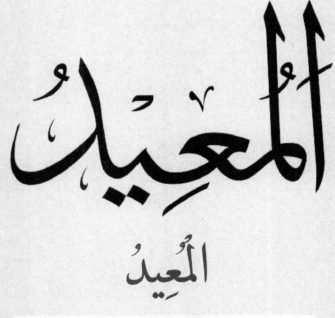

المُعِيدُ

[Al-Mu'îd]

Celui qui fait rentrer dans le néant

Celui qui ramène les vivants vers la mort après la vie et Celui qui ramène les morts à la vie après leur mort.

VERSETS / HADITH
dans lesquels ce nom est mentionné..

ALLAH Y SAHEL
Je fais dua avec ce nom pour ...

J'ÉCRIS
pour la mémoire visuelle

الْمُعِيدُ

Al-Muʿīd

[Al-Muhyī]

Celui qui donne vie

Celui qui donne vie, Est Celui qui fait vivre un mélange de maniyy, c'est-à-dire de liquide séminal, dépourvu d'âme et en fait un être vivant et Celui qui redonne vie aux corps des humains, des djinns et des anges en les réunissant avec leurs âmes au cours de la résurrection. Celui qui fait vivre, qui donne la vie.

VERSETS / HADITH
dans lesquels ce nom est mentionné..

ALLAH Y SAHEL
Je fais dua avec ce nom pour ...

J'ÉCRIS
pour la mémoire visuelle

المُحْيِ

Al-Muhyī

RÉVISION

Notez ici les Noms avec lesquels vous avez des difficultés

RÉVISION

المُبْدِئ

[Al-Mubdi']

L'Auteur

المُبْدِئ

[_____]

المُعِيدُ

[Al-Mu'îd]

Celui qui fait rentrer dans le néant

المُعِيدُ

[_____]

المُحْيِي

[Al-Muhyî]

Celui qui donne vie

المُحْيِي

[_____]

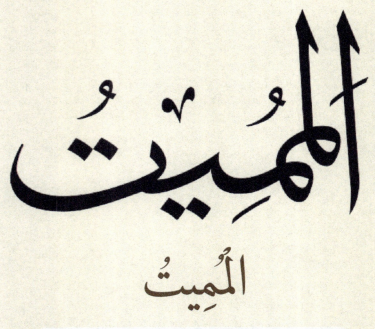

[Al-Mumīt]

Celui qui donne la mort

Celui qui ôte la vie Celui Qui fait mourir les êtres vivants et Celui Qui annule par la mort le pouvoir des puissants de ce monde. Celui qui a créé le monde inanimé, à laquelle toute forme vivante reviendra. Celui qui ordonne ce qui est devenu sans vie.

VERSETS / HADITH
dans lesquels ce nom est mentionné..

ALLAH Y SAHEL
Je fais dua avec ce nom pour ...

J'ÉCRIS
pour la mémoire visuelle

المُمِيتُ

Al-Mumīt

[Al-Hayy]

Le Vivant

Celui qui est immortel, éternel. Celui qui est éternellement sain et sauf. Celui qui anime toute la vie et qui fait chaque choses vivantes différentes et distinctes.
Celui Ce Qui n'entre pas en existence et pourtant existe.

VERSETS / HADITH
dans lesquels ce nom est mentionné..

ALLAH Y SAHEL
Je fais dua avec ce nom pour ...

J'ÉCRIS
pour la mémoire visuelle

الْحَىُّ

Al-Hayy

القيّوم

القيّوم

[Al-Qayyūm]

Celui Qui subsiste par Lui Même

Celui Qui existe, est éternel et ne change pas; Celui qui n'est pas atteint par l'inexistence ou l'anéantissement et n'est nullement affecté par le fait de contrôler et de créer les actes des êtres humains. Le Toujours vivant, existant par lui-même. Celui qui est le fondement sur lequel toutes choses existent.

VERSETS / HADITH
dans lesquels ce nom est mentionné..

ALLAH Y SAHEL
Je fais dua avec ce nom pour ...

J'ÉCRIS
pour la mémoire visuelle

الْقَيُّومُ   الْقَيُّومُ

Al-Qayyūm

AL-A'RAF V.180 S.7

Abû Hurayra relate que le Messager d'Allah ﷺ
a dit : " Allah, à Lui la Puissance et la Grandeur, dit : « Je suis à
l'égard de Mon serviteur selon ce qu'il pense de Moi, et Je suis avec
lui là où il M'évoque."

RÉVISION

المُمِيتُ	المُمِيتُ
[Al-Mumit]	[............]
Celui qui donne la mort	

الحَيُّ	الحَيُّ
[Al-Hayy]	[............]
Le Vivant	

القَيُّومُ	القَيُّومُ
[Al-Qayyum]	[............]
Celui Qui subsiste par Lui Même	

[Al-Wājid]

Celui qui existe, L'omnipotent

Celui Qui n'a besoin de rien et n'est pas atteint ni concerné par le besoin, le manque ou la nécessité. Celui qui a découvert et tout obtenu. Celui qui perçoit et possède tout. Celui qui n'a pas de besoins et qui ne manque de rien.

VERSETS / HADITH
dans lesquels ce nom est mentionné..

ALLAH Y SAHEL
Je fais dua avec ce nom pour ...

J'ÉCRIS
pour la mémoire visuelle

الْوَاجِدُ الْوَاجِدُ

Al-Wājid

الماجدُ

الماجدُ

[Al-Mājid]

L'Illustre

Celui qui est meilleur que tout autre et Celui qui accorde d'innombrables bienfaits très largement et sans contrepartie. Le Noble, le Majestueux, Celui qui a plein de Gloire.

VERSETS / HADITH
dans lesquels ce nom est mentionné..

ALLAH Y SAHEL
Je fais dua avec ce nom pour ...

J'ÉCRIS
pour la mémoire visuelle

الْمَاجِدُ

Al-Mājid

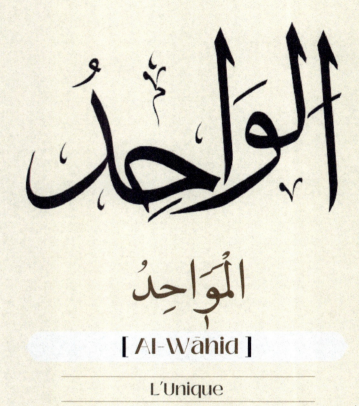

[Al-Wāhid]

L'Unique

L'Unique, l'Unique : Est Celui qui n'a pas d'alter ego, que ce soit dans Son Être, dans Son Acte, ou dans Ses Attributs. Rien n'est tel que Lui.

VERSETS / HADITH
dans lesquels ce nom est mentionné..

ALLAH Y SAHEL
Je fais dua avec ce nom pour ...

J'ÉCRIS
pour la mémoire visuelle

الْوَاحِدُ

Al-Wāhid

RÉVISION

Notez ici les Noms avec lesquels vous avez des difficultés

RÉVISION

الْوَاجِدُ
[Al-Wajid]
Celui qui existe, L'omnipotent

الْوَاجِدُ
[...........]

الْمَاجِدُ
[Al-Majid]
L'Illustre

الْمَاجِدُ
[...........]

الْمُوَاحِدُ
[Al-Wahid]
L'Unique

الْمُوَاحِدُ
[...........]

الأَحَدُ

[Al-Ahad]

L'Un

Celui Qui a pour attribut l'unicité

VERSETS / HADITH
dans lesquels ce nom est mentionné..

ALLAH Y SAHEL
Je fais dua avec ce nom pour ...

J'ÉCRIS
pour la mémoire visuelle

الْأَحَدُ

Al-Ahad

الصَّمَدُ

[As-Samad]

L'Absolu

Celui à qui l'on peut s'en remettre pour toute affaire et à Qui l'on peut faire appel pour tous nos besoins ; Ce Qui n'a ni enfants ni parents, ni semblable ni équivalent, d'après l'explication de Al-Hakim ; Ce Qui n'a besoin de rien et Ce Dont toute chose a besoin, pour exister, etc

VERSETS / HADITH
dans lesquels ce nom est mentionné..

"Allah, Le Seul à être imploré pour ce que nous désirons.." Coran - Sourate 112 - verset 2

ALLAH Y SAHEL
Je fais dua avec ce nom pour ...

J'ÉCRIS
pour la mémoire visuelle

الصَّمَدُ

As-Samad

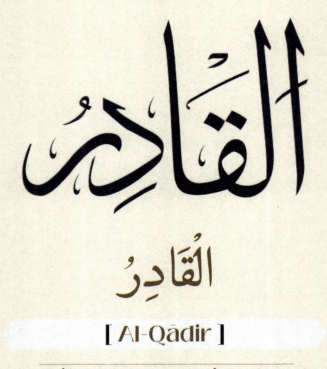

القَادِرُ

القَادِرُ

[Al-Qādir]

Le Déterminant, Le Très Puissant

Le Déterminant, Est Celui qui n'est pas atteint par la faiblesse, Celui dont la puissance est absolue et domine la totalité des créatures et Celui qu'absolument rien ne peut affaiblir.

VERSETS / HADITH
dans lesquels ce nom est mentionné..

ALLAH Y SAHEL
Je fais dua avec ce nom pour ...

J'ÉCRIS
pour la mémoire visuelle

الْقَادِرُ

Al-Qādir

RÉVISION

الْأَحَدُ
[Al-Ahad]
L'Un

الْأَحَدُ
[..............]

الصَّمَدُ
[As-Samad]
L'Absolu

الصَّمَدُ
[..............]

الْقَادِرُ
[Al-Qādir]
Le Déterminant, Le Très Puissant

الْقَادِرُ
[..............]

[Al-Muqtadir]

Le Tout Puissant

Celui qui est puissant sur toute chose et Celui dont les capacités sont absolument sans limites

VERSETS / HADITH
dans lesquels ce nom est mentionné..

ALLAH Y SAHEL
Je fais dua avec ce nom pour ...

J'ÉCRIS
pour la mémoire visuelle

الْمُقْتَدِرُ

Al-Muqtadir

[Al-Muqaddim]

Celui qui précède tout

Celui qui précède tous, Est Celui qui est exempt des caractéristiques des créatures et meilleur que toute créature ; Celui qui fixe la vitesse des événements, accélère certaines choses aux yeux des gens selon une destinée et accorde à chaque chose une valeur, un rang, une époque et des caractéristiques qui Lui conviennent selon la sagesse.

VERSETS / HADITH
dans lesquels ce nom est mentionné..

ALLAH Y SAHEL
Je fais dua avec ce nom pour ...

J'ÉCRIS
pour la mémoire visuelle

الْمُقَدِّمُ الْمُقَدِّمُ

Al-Muqaddim

[Al-Mu'akhir]

Celui qui sera après tout

Celui qui sera après tous, Est Celui qui est exempt des caractéristiques des créatures et meilleur que toute créature ; Celui qui destine la lenteur des événements et ralentit certaines choses aux yeux des gens selon une destinée et accorde à chaque chose une valeur, un rang, une époque et des caractéristiques qui lui conviennent selon une sagesse.

VERSETS / HADITH
dans lesquels ce nom est mentionné..

ALLAH Y SAHEL
Je fais dua avec ce nom pour ...

J'ÉCRIS
pour la mémoire visuelle

الْمُؤَخِّرُ

Al-Mu'akhir

RÉVISION

Notez ici les Noms avec lesquels vous avez des difficultés

RÉVISION

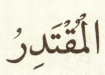

[Al-Muqtadir]

Le Tout Puissant

[_____]

[Al-Muqaddim]

Celui qui précède tout

[_____]

المؤخّر

[Al-Mu'akhir]

Celui qui sera après tout

[_____]

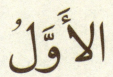

[Al-Awwal]

Le Premier

Qui existe sans les créatures, sans début et sans le temps ;
Ce Qui est exempt du fait d'être créer, de l'apparition d'un nouvel attribut et du changement,
Ce Qui existe sans entrer en existence.
Le Premier, dont l'existence n'a pas de début

VERSETS / HADITH
dans lesquels ce nom est mentionné..

ALLAH Y SAHEL
Je fais dua avec ce nom pour ...

J'ÉCRIS
pour la mémoire visuelle

الأَوَّلُ

Al-Awwal

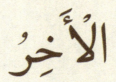

[Al-Ākhir]

Le Dernier

Le Dernier : Est Celui qui existe sans interruption alors que les créatures sont anéanties à chaque instant ; Celui qui est éternel, Celui qui anéantit et est exempt du fait d'être anéanti et de la disparition d'un ou plusieurs attributs ; Celui qui existe sans être concerné par la notion de fin et d'anéantissement.
Le Dernier, dont l'existence n'a pas de fin.

VERSETS / HADITH
dans lesquels ce nom est mentionné..

ALLAH Y SAHEL
Je fais dua avec ce nom pour ...

J'ÉCRIS
pour la mémoire visuelle

الْأَخِرُ

Al-Ākhir

[Az-Zāhir]

L'Extérieur, l'Apparent

Celui dont l'existence se manifeste en toute chose par des preuves, du point de vue de la puissance et de la domination et non pas ce qui serait présent en tout corps du point de vue de l'endroit, de l'image et du comment.

VERSETS / HADITH
dans lesquels ce nom est mentionné...

ALLAH Y SAHEL
Je fais dua avec ce nom pour ...

J'ÉCRIS
pour la mémoire visuelle

الظَّاهِرُ الظَّاهِرُ

Az-Zāhir

RÉVISION

[Al-Awwal]

Le Premier

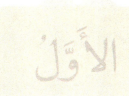

[_____]

[Al-Akhir]

Le Dernier

[_____]

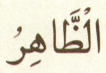

[Az-Zâhir]

L'Extérieur, l'Apparent

[_____]

الباطن

الْبَاطِنُ

[Al-Bātin]

L'Intérieur, le Caché

Le Caché, Est Celui qui est préservé des idées délirantes des créatures tentant d'attribuer à Celui qui crée les créatures des caractéristiques humaines ou des caractéristiques propres aux créatures et Celui qui crée les caractéristiques des créatures et leurs images. Allah est partout, même dans ce que l'on ne voit pas

VERSETS / HADITH
dans lesquels ce nom est mentionné..

ALLAH Y SAHEL
Je fais dua avec ce nom pour ...

J'ÉCRIS
pour la mémoire visuelle

الْبَاطِنُ الْبَاطِنُ

Al-Bātin

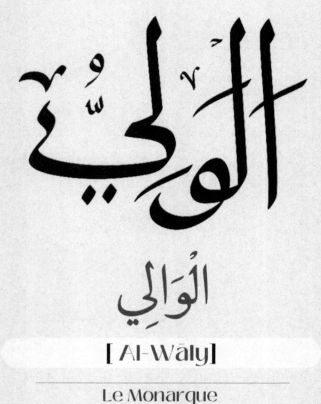

الْوَالِي

[Al-Wāly]

Le Monarque

Celui qui possède, gère et contrôle toute chose et Celui qui crée toute chose selon une sagesse.
Le Maître très proche, Celui qui dirige

VERSETS / HADITH
dans lesquels ce nom est mentionné...

ALLAH Y SAHEL
Je fais dua avec ce nom pour ...

J'ÉCRIS
pour la mémoire visuelle

الوَالِي   الوَالِي

Al-Wāly

[Al-Muta'āli]

Le Sublime

Celui qui est exempt des attributs des créatures et Celui dont le pouvoir sur les créatures est sans borne.

VERSETS / HADITH
dans lesquels ce nom est mentionné..

ALLAH Y SAHEL
Je fais dua avec ce nom pour ...

J'ÉCRIS
pour la mémoire visuelle

المُتَعَالِي المُتَعَالِي

Al-Muta'āli

RÉVISION

Notez ici les Noms avec lesquels vous avez des difficultés

RÉVISION

الْبَاطِنُ	الْبَاطِنُ
[Al-Bātin]	[_____]
L'Intérieur, le Caché	

الْوَالِي	الْوَالِي
[Al-Wāly]	[_____]
Le Monarque	

الْمُتَعَالِي	الْمُتَعَالِي
[Al-Muta'āli]	[_____]
Le Sublime	

[Al-Barr]

Le Bienfaisant

Celui qui a la capacité de destiner la foi et les bienfaits à toutes les créatures, et parmi elles certaines sont reconnaissantes et certaines ne le sont pas : on appelle les premiers des musulmans ou des croyants et les autres les non-musulmans ou les non-croyants.

VERSETS / HADITH
dans lesquels ce nom est mentionné..

ALLAH Y SAHEL
Je fais dua avec ce nom pour ...

J'ÉCRIS
pour la mémoire visuelle

الْبَرُّ

Al-Barr

[At-Tawwāb]

L'Accueillant au repentir

Celui qui revient sans cesse vers ceux qui tombent et qui accorde le pardon à ceux qui se repentent à chaque fois qu'ils l'accomplissent.

VERSETS / HADITH
dans lesquels ce nom est mentionné..

ALLAH Y SAHEL
Je fais dua avec ce nom pour ...

J'ÉCRIS
pour la mémoire visuelle

التَّوَّابُ

At-Tawwāb

[Al-Muntaqim]

Le Vengeur

Celui Qui destine aux injustes dans le domaine de la foi une succession de châtiments qui ne s'arrêtent pas et qui parfois commencent par un anéantissement dans ce bas-monde.
Il punit les fautifs après les avoir avertis.
Il est le vengeur qui soutient les croyants en anéantissant leurs ennemis.

VERSETS / HADITH
dans lesquels ce nom est mentionné..

ALLAH Y SAHEL
Je fais dua avec ce nom pour ...

J'ÉCRIS
pour la mémoire visuelle

الْمُنْتَقِمُ

Al-Muntaqim

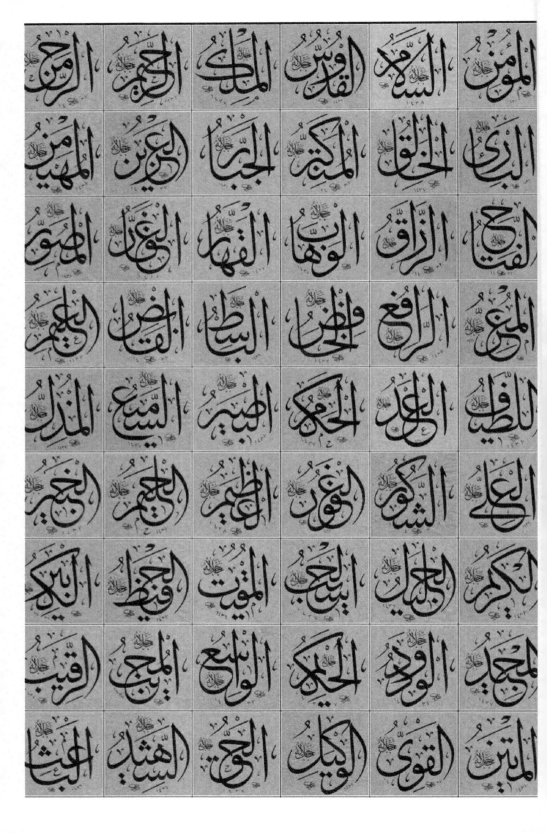

RÉVISION

[Al-Barr]
Le Bienfaisant

[   ]

[At-Tawwāb]
L'Accueillant au repentir

[   ]

[Al-Muntaqim]
Le Vengeur

[   ]

العفوُّ

الْعَفُوُّ

[Al-Afūww]

Le Très Indulgent

Celui qui écarte du péché et le pardonne et Celui qui préserve dans chaque situation en apparence sans issue une porte vers l'honneur, le maintien et les bienfaits ou vers le repentir immédiat.

VERSETS / HADITH
dans lesquels ce nom est mentionné..

ALLAH Y SAHEL
Je fais dua avec ce nom pour ...

J'ÉCRIS
pour la mémoire visuelle

العَفُوُّ

Al-Afūww

الرَّؤُوفُ

الرَّءُوفُ

[Al-Ra'ūf]

Le Bienveillant

Celui qui peut offrir une immensité de bienfaits sans contrepartie et sans nécessité. Le Bienveillant en grâce.

83

VERSETS / HADITH
dans lesquels ce nom est mentionné..

ALLAH Y SAHEL
Je fais dua avec ce nom pour ...

J'ÉCRIS
pour la mémoire visuelle

الرَّءُوفُ

Al-Ra'ūf

مَالِكُ المُلْكِ

[Mālik-ul-Mulk]

Le Maître du Pouvoir

Celui qui crée et attribue selon une destinée toute souveraineté, domination, propriété et tout large pouvoir qui sont accordés à certaines créatures dans ce bas monde.

VERSETS / HADITH
dans lesquels ce nom est mentionné..

"Dis : «Ô mon Dieu, Souverain suprême ! Tu donnes le pouvoir à qui Tu veux et Tu l'enlèves à qui Tu veux ! Tu honores qui Tu veux et Tu abaisses qui Tu veux ! Tu détiens le Bien et Ta puissance n'a point de limite !" . (Coran S.3: V.26)

ALLAH Y SAHEL
Je fais dua avec ce nom pour ...

J'ÉCRIS
pour la mémoire visuelle

مَالِكُ الْمُلْكُ

Mālik-ul-Mulk

RÉVISION

Notez ici les Noms avec lesquels vous avez des difficultés

RÉVISION

الْعَفُوُّ
[Al-Afuww]
Le Très Indulgent

الْعَفُوُّ
[   ]

الرَّءُوفُ
[Al-Ra'uf]
Le Bienveillant

الرَّءُوفُ
[   ]

مَالِكُ الْمُلْكِ
[Malik-ul-Mulk]
Le Maître du Pouvoir

مَالِكُ الْمُلْكِ
[   ]

ذُو الْجَلَلِ وَالْإِكْرَامُ

[Dhul-Jalāli-wal-Ikrām]

Le Plein de Majesté et de Magnificience

Celui qui est meilleur que tout autre en réalité et toutes les preuves confirment cela et infirment le contraire donc il n'est pas valable de contester ce point, de le renier ou d'être hostile à l'encontre de ce sujet ; est Celui qui comble de bienfaits ceux qui auront compris cela qui connaîtront la sainteté générale, auront la réussite et seront bien guidés au Jour du Jugement.

VERSETS / HADITH
dans lesquels ce nom est mentionné..

ALLAH Y SAHEL
Je fais dua avec ce nom pour ...

J'ÉCRIS
pour la mémoire visuelle

ذُو الْجَلَلِ وَالْإِكْرَامُ

Dhul-Jalāli-wal-Ikrām

[Al-Muqsit]

Le plus équitable, le Juste.

Celui qui juge conformément à la plus grande justice, Celui qui est exempt de toute forme d'injustice et de tyrannie et Celui qui n'a absolument aucun compte à rendre.
Celui qui est le plus équitable et le plus juste.

VERSETS / HADITH
dans lesquels ce nom est mentionné..

ALLAH Y SAHEL
Je fais dua avec ce nom pour ...

J'ÉCRIS
pour la mémoire visuelle

الْمُقْسِطُ

Al-Muqsit

[Al-Jāmi']

Le Rassembleur, l'unifiant.

Celui qui rassemble les créatures en un jour au sujet duquel il n'y a pas de doute, le Jour du Jugement.
Celui qui réconcilie et unit. Celui qui rassemble ce qui avait été dispersé. Celui qui assemble et organise. Celui qui compose, arrange et connecte ensemble.

VERSETS / HADITH
dans lesquels ce nom est mentionné..

""Seigneur ! Tu rassembleras le genre humain en un Jour au sujet duquel nul doute n'est possible.»
Car Dieu ne faillit jamais à Sa promesse." Sourate 3 Al Imran verset 9

ALLAH Y SAHEL
Je fais dua avec ce nom pour ...

J'ÉCRIS
pour la mémoire visuelle

الْجَامِعُ

Al-Jāmi'

RÉVISION

ذُو الْجَلَلِ وَالْإِكْرَامُ

[Dhul-Jalāli-wal-Ikrām]

Le Plein de Majesté et de Magnificence

ذُو الْجَلَلِ وَالْإِكْرَامُ

[....................]

_____

الْمُقْسِطُ

[Al-Muqsit]

Le plus équitable, le Juste.

الْمُقْسِطُ

[....................]

_____

الْجَامِعُ

[Al-Jāmi']

Le Rassembleur, l'unifiant.

الْجَامِعُ

[....................]

_____

[Al-Ghani]

Le Riche par excellence

Celui Qui n'a aucun besoin des créatures et les créatures ne peuvent se passer de al-Ghaniyy [Qui est Ce Qui les fait exister et les maintient en existence et les fait changer en permanence] Celui qui est auto-suffisant. L'un sans besoin de rien. Celui qui n'a besoin de rien mais qui est nécessaire pour tous.
L'un dont tout dépens.

VERSETS / HADITH
dans lesquels ce nom est mentionné..

ALLAH Y SAHEL
Je fais dua avec ce nom pour ...

J'ÉCRIS
pour la mémoire visuelle

الْغَنِيُّ

Al-Ġhani

[Al-Mughni]

Celui Qui enrichit

L'enrichisseur, le dispensateur de la richesse, celui qui répond aux besoins. Celui Qui satisfait les besoins des créatures et Ce Qui leur fait parvenir leur subsistance. Celui qui donne la richesse en abondance. Celui qui fournit tout ce qui est nécessaire. Celui dont la richesse remplit tous les besoins. Celui qui enrichit l'ensemble de la création. Celui qui donne la richesse spirituelle

VERSETS / HADITH
dans lesquels ce nom est mentionné..

ALLAH Y SAHEL
Je fais dua avec ce nom pour ...

J'ÉCRIS
pour la mémoire visuelle

المُغْنِي المُغْنِي

Al-Mughni

[Al-Māni']

Le Défenseur

L'obturateur, le protecteur, le Défendeur. Celui Qui destine chaque créatures leurs victoires, leurs protections et celui dont ils devront être préservés toujours selon une destiné. Celui qui détourne du mal, physique ou spirituel. Celui qui garde des situations préjudiciables. Celui qui empêche les actions indésirables. Celui qui empêche ou entrave l'action illicite. Celui qui arrête se qui nuit à l'autre.

VERSETS / HADITH
dans lesquels ce nom est mentionné..

ALLAH Y SAHEL
Je fais dua avec ce nom pour ...

J'ÉCRIS
pour la mémoire visuelle

الْمَانِعُ

Al-Māni'

RÉVISION

Notez ici les Noms avec lesquels vous avez des difficultés

RÉVISION

الْغَنِيُّ
[Al-Ghani]
Le Riche par excellence

الْغَنِيُّ
[_____]

الْمُغْنِي
[Al-Mughni]
Celui Qui enrichit

الْمُغْنِي
[_____]

الْمَانِعُ
[Al-Mani']
Le Défenseur

الْمَانِعُ
[_____]

الضَّارُ

[Ad-Dār]

Celui qui peut nuire

Celui qui puni, qui afflige. Celui dont la sagesse peut choisir d'utiliser des corrections énergiques. Celui qui crée l'adversité ou la détresse afin de décourager ou de corriger un comportement fautif. Celui dont la sagesse peut utiliser des situations qui ont une apparence d'être nuisibles. Celui qui est tout puissant à faire parvenir immanquablement la nuisance qui doit atteindre une créature selon une destiné.

VERSETS / HADITH
dans lesquels ce nom est mentionné...

ALLAH Y SAHEL
Je fais dua avec ce nom pour ...

J'ÉCRIS
pour la mémoire visuelle

الضَّارُ

Ad-Dār

الaNَّافِعُ

الNَّافِعُ

[An-Nāfi']

L'Utile

Le Créateur du bien, le propice. Est Ce Qui est tout puissant à faire parvenir immanquablement le profit que doit recevoir une créature selon une destiné. Celui qui aide et qui accorde tous les avantages. Celui qui ne cesse de bénir toute la création de bonté et de tout ce qui est utile.

VERSETS / HADITH
dans lesquels ce nom est mentionné..

ALLAH Y SAHEL
Je fais dua avec ce nom pour ...

J'ÉCRIS
pour la mémoire visuelle

النَّافِعُ   النَّافِعُ

An-Nāfi'

[An-Nûr]

La Lumière

Celui Dont la guidée fait parvenir à leur but ceux qui sont en proie à la tentation et les mets dans la bonne direction selon une destiné Allah est Celui qui guide les croyants vers la lumière de la foi, crée la lumière et n'est pas une lumière qui n'est qu'une créature. Celui qui est la lumière divine de tous les mondes. Celui dont la lumière illumine le cœur.

VERSETS / HADITH
dans lesquels ce nom est mentionné..

ALLAH Y SAHEL
Je fais dua avec ce nom pour ...

J'ÉCRIS
pour la mémoire visuelle

النُّورُ النُّورُ

An-Nūr

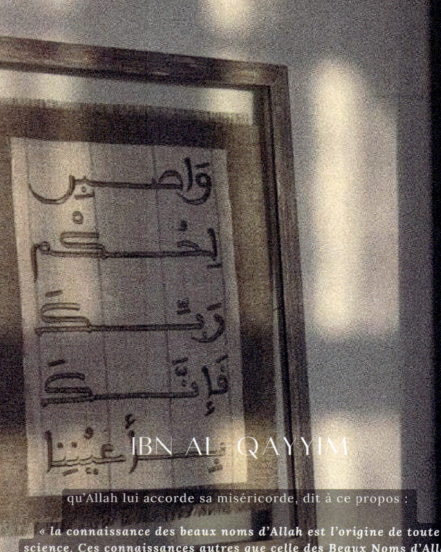

IBN AL-QAYYIM

qu'Allah lui accorde sa miséricorde, dit à ce propos :

« la connaissance des beaux noms d'Allah est l'origine de toute science. Ces connaissances autres que celle des Beaux Noms d'Allah sont soit une créature du Très-Haut ou son ordre, soit une connaissance de ses créatures ou de ses lois. Les Beaux Noms d'Allah constituent l'origine de la créature ainsi que ses ordres. Ces deux éléments entretiennent des relations de cause à effet.. Tout comme l'énumération des Beaux Noms d'Allah constitue l'origine de toute énumération, car les autres sciences sont considérées comme faisant parties de ses effets et y sont rattachées."

RÉVISION

الضَّارُ
[Ad-Dâr]
Celui qui peut nuire

الضَّارُ
[   ]

النَّافِعُ
[An-Nâfi']
L'Utile

النَّافِعُ
[   ]

النُّورُ
[An-Nûr]
La Lumière

النُّورُ
[   ]

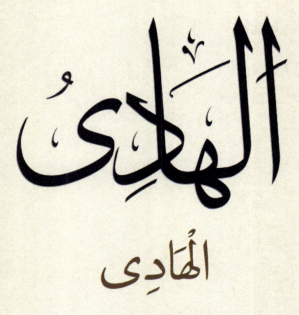

[Al-Hādi]

Le Guide

Celui qui destine à certaines créatures de bénéficier de la guidée et de la droiture Celui qui montre en permanence le droit chemin. Celui qui guide avec justesse. Celui qui envoie des prophètes et des messagers pour guider l'humanité. Celui qui dirige les cœurs à la connaissance de l'essence divine. Celui qui est la source de toutes les orientations. Celui qui continue fidèlement à guider à bien jusqu'à que l'objectif soit enfin atteint.

VERSETS / HADITH
dans lesquels ce nom est mentionné..

ALLAH Y SAHEL
Je fais dua avec ce nom pour ...

J'ÉCRIS
pour la mémoire visuelle

الهَادِي

Al-Hādi

[Al-Badî']

L'inventeur

Le Créateur Magnifique sans précédent et incomparable, la cause absolue. Celui Qui fait exister les créatures et ce monde non pas à partir d'une matière préexistante ou à l'image d'un modèle antérieur mais au contraire sans précurseur, sans modèle et sans précédant. Le merveilleux qui est originaire, qui commence, invente et crée tout ce qui existe, sans aucun modèle ou matériel. Celui dont l'incomparable force de volonté amène d'abord dans toute l'existence de la création unique et étonnante, sans ressemblance avec rien d'autre qui ait jamais existé. Celui qui crée de façon merveilleuse, génial, incroyablement originale qui n'ont pas de précédent quel qu'il soit.

VERSETS / HADITH
dans lesquels ce nom est mentionné..

ALLAH Y SAHEL
Je fais dua avec ce nom pour ...

J'ÉCRIS
pour la mémoire visuelle

الْبَدِيعُ

Al-Badīʿ

[Al-Baqi]

Le Permanent

L'éternel, le toujours immuable, toujours présents. Celui Dont l'existence exempte d'anéantissement et de changement s'impose à la raison saine qui ne peut prétendre le contraire. Celui qui a toujours existé et qui ne cessera jamais d'être. Celui dont l'existence n'a ni commencement ni fin. Celui qui existait avant la création tout entière, et qui restera, après tout la mort puis la résurrection des êtres.

VERSETS / HADITH
dans lesquels ce nom est mentionné..

_____
_____
_____
_____
_____
_____
_____

ALLAH Y SAHEL
Je fais dua avec ce nom pour ...

_____
_____
_____
_____
_____

J'ÉCRIS
pour la mémoire visuelle

الْبَاقِى

Al-Baqi

RÉVISION

Notez ici les Noms avec lesquels vous avez des difficultés

RÉVISION

الْهَادِي
[Al-Hādī]
Le Guide

الْهَادِي
[...............]

الْبَدِيعُ
[Al-Badī']
L'inventeur

الْبَدِيعُ
[...............]

الْبَاقِي
[Al-Bāqī]
Le Permanent

الْبَاقِي
[...............]

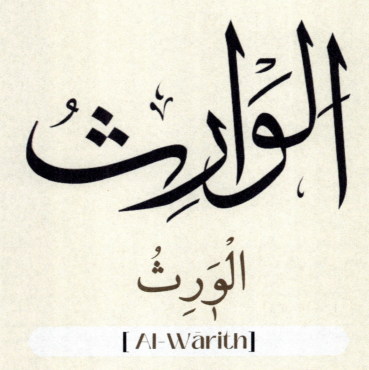

[Al-Wārith]

L'Héritier

Celui Qui existe et ne change pas alors que les créatures sont anéanties. Celui qui reste après que toute la création ai péri. Celui qui a la propriété éternelle de tout ce qui n'a jamais été et qui le sera à jamais. Celui à qui tous les biens retournent lorsque leur possesseur s'en est allé.

VERSETS / HADITH
dans lesquels ce nom est mentionné..

ALLAH Y SAHEL
Je fais dua avec ce nom pour ...

J'ÉCRIS
pour la mémoire visuelle

الْوَارِثُ

Al-Wārith

[Ar-Rashīd]

Qui agit avec droiture

Celui Qui guide les créatures vers ce qui est dans leur intérêt. Celui qui décrète infailliblement, nomme ou ordonne la bonne voie. Celui qui est le directeur suprême sur le droit chemin et la croyance droite. Celui qui dirige justement parfaitement toutes les questions en vue de leur conclusion appropriée.

VERSETS / HADITH
dans lesquels ce nom est mentionné..

ALLAH Y SAHEL
Je fais dua avec ce nom pour ...

J'ÉCRIS
pour la mémoire visuelle

الرَّشِيدُ

Ar-Rashīd

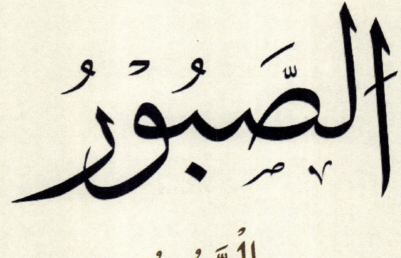

[As-Sabur]

Le Patient

Celui Qui délaye la punition des pécheurs par l'ajustement des comptes de chacun et retarde cela jusqu'à un jour bien déterminé et leur accorde leur aise et du temps jusqu'au moment dont ils ignorent tous la date. Celui qui est le plus patient, ferme et durable. Celui qui patiente et fait tout en son temps et de façon appropriée, peu importe combien de temps cela peut prendre.

VERSETS / HADITH
dans lesquels ce nom est mentionné..

ALLAH Y SAHEL
Je fais dua avec ce nom pour ...

J'ÉCRIS
pour la mémoire visuelle

الصَّبُورُ الصَّبُورُ

As-Sabur

QURAN

« Ô Allah, Maître de l'autorité absolue. Tu donnes l'autorité à qui Tu veux, et Tu arraches l'autorité à qui Tu veux ; et Tu donnes la puissance à qui Tu veux, et Tu humilies qui Tu veux. Le bien est en Ta main et Tu es Omnipotent. (26) Tu fais pénétrer la nuit dans le jour, et Tu fais pénétrer le jour dans la nuit, et Tu fais sortir le vivant du mort, et Tu fais sortir le mort du vivant. Et Tu pourvois qui Tu veux, sans compter »(27).
Sourate Âl-'Imrān - versets 26-27

RÉVISION

الْوَرِثُ
[Al-Wārith]
L'Héritier

[................]

الرَّشِيدُ
[Ar-Rashid]
Qui agit avec droiture

[................]

الصَّبُورُ
[As-Sabur]
Le Patient

[................]

NOTRE AMOUR POUR ALLAH

La croyance aux 99 noms d'Allah et Attributs est un aspect essentiel de la foi islamique. Elle permet non seulement de renforcer la connaissance utile (3ilm Nafi3) qui est le savoir religieux si indispensable à notre évolution sur les plans spirituels qu'humains. Cela fait augmenter notre amour pour Allah et notre connexion à Lui par l'évocation de Ses plus Beaux Noms et Attributs dans nos supplications.
Connaître les 99 plus Beaux Noms et Attributs d'Allah ne peut que guider les croyants dans leur quête spirituelle et leur pratique religieuse au quotidien.

99 noms

ABOU HORAIRA (رضي الله عنه) A DIT : « ALLAH POSSÈDE QUATRE-VINGT-DIX-NEUF NOMS, CENT MOINS UN. PERSONNE N'APPRENDRA PAR CŒUR CES NOMS SANS ENTRER AU PARADIS. ALLAH EST UNIQUE. (IL EST UN) ET IL AIME LE NOMBRE IMPAIR. » [SAHIH AL-BUKHARI 6410].

ALLAH الله

1. **Ar-Rahmān** الرحمن
Le Tout-Miséricordieux
2. **Ar-Rahīm** الرحيم
Le Très-Miséricordieux
3. **Al-Malik** الملك
Le Souverain
4. **Al-Quddūs** القدوس
Le Très Saint
5. **As-Salām** السلام
La source de Paix
6. **Al-Mu'min** المؤمن
Le Gardien de la foi
7. **Al-Mouhaymin** المهيمن
Le Préservateur
8. **Al-'Aziz** العزيز
Le Tout Puissant
9. **Al-Jabbār** الجبار
Celui qui domine et contraint
10. **Al-Mutakabbir** المتكبر
Le Majestueux
11. **Al-Khāliq** الخالق
Le Créateur
12. **Al-Bāri'** البارئ
Le Producteur
13. **Al-Musawwir** المصور
Celui qui façonne ses créatures !
14. **Al-Ghaffār** الغفار
Qui absout beaucoup
15. **Al-Qahhār** القهار
L'Irrésistible !
16. **Al-Wahhāb** الوهاب
Le Très Généreux !
17. **Ar-Razzāq** الرزاق
Celui qui accorde la subsistance
18. **Al-Fattāh** الفتاح
Celui qui accorde la victoire
19. **Al-'Alīm** العليم
L'Omniscient
20. **Al-Qabid** القابض
Celui qui retient et qui rétracte
21. **Al-Bāsit** الباسط
Celui qui étend Sa générosité
22. **Al-Khāfid** الخافض
Celui qui abaisse
23. **Ar-Rāfi'** الرافع
Celui qui élève
24. **Mu'izz** المعز
Celui qui rend puissant
25. **Al-Mouhdill** المذل
Celui qui humilie les fiers
26. **As-Samī'** السميع
L'Audient, Celui qui entend toute chose
27. **Al-Basīr** البصير
Le Voyant, Celui qui voit toute chose
28. **Al-Hakam** الحكم
L'Arbitre
29. **Al-'Adl** العدل
Le Juste
30. **Al-Latīf** اللطيف
Le Bon dans l'épreuve
31. **Al-Khabīr** الخبير
Le Bien-Informé
32. **Al-Halīm** الحليم
Le Doux, le Très Clément
33. **Al-Adhīm** العظيم
L'Immense, Le Sublime
34. **Al-Ghafūr** الغفور
Qui Pardonne
35. **Ash-Shakūr** الشكور
Le Très-Reconnaissant
36. **Al-'Ali** العلي
L'Elevé
37. **Al-Kabīr** الكبير
L'Infiniment Grand
38. **Al-Hafīdh** الحفيظ
Le Gardien
39. **Al-Muqīt** المقيت
Qui nourrit tout le monde
40. **Al-Hasīb** الحسيب
Qui règle le compte de tout le monde
41. **Al-Jalīl** الجليل
Le Glorieux
42. **Al-Karīm** الكريم
Le Noble
43. **Ar-Raqīb** الرقيب
L'Observateur
44. **Al-Mujīb** المجيب
Celui qui exauce les prières
45. **Al-Wāsi'** الواسع
Le Vaste
46. **Al-Hakīm** الحكيم
Le Sage
47. **Al-Wadūd** الودود
Qui aime beaucoup
48. **Al-Majīd** المجيد
Le Très Glorieux
49. **Al-Bā'ith** الباعث
Qui ressuscite
50. **Ashahīd** الشهيد
Le Témoin
51. **Al-Haqq** الحق
Le Vrai
52. **Al-Wakīl** الوكيل
Le Tuteur
53. **Al-Qawi** القوي
Le Fort
54. **Al-Matīn** المتين
Le Robuste
55. **Al-Wa'li** الولي
Le Protecteur
56. **Al-Hamīd** الحميد
Le Louable
57. **Al-Muhsi** المحصي
Qui connaît les comptes de tous
58. **Al-Mubdi'** المبدئ
L'Auteur
59. **Al-Mu'id** المعيد
Qui fait rentrer tout le monde dans le néant
60. **Al-Muhyī** المحيي
Qui donne la vie
61. **Al-Mumīt** المميت
Qui donne la mort
62. **Al-Hayy** الحي
Le Vivant
63. **Al-Qayyūm** القيوم
L'Immuable
64. **Al-Wājid** الواجد
Qui existe
65. **Al-Majid** الماجد
L'Illustre
66. **Al-Wāhid** الواحد
L'Unique
67. **Al-Ahad** الأحد
L'Un, Le Seul
68. **As-Samad** الصمد
L' Eternel Seigneur
69. **Al-Qādir** القادر
Le Déterminant
70. **Al-Muqtadir** المقتدر
Le Tout Puissant
71. **Al-Muqaddim** المقدم
Qui a tout précédé
72. **Al-Mu'akhir** المؤخر
Qui sera après tout
73. **Al-Awwal** الأول
Le Premier, dont l'existence n'a pas de début
74. **Al-Ākhir** الآخر
Le Dernier, dont l'existence n'a pas de fin
75. **Adh-Dhāhir** الظاهر
L'Extérieur, l'Apparent
76. **Al-Bātin** الباطن
L'Intérieur, le Caché
77. **Al-Wāly** الوالي
Le Monarque
78. **Al-Muta'āli** المتعالي
Le Sublime
79. **Al-Barr** البر
Le Bienfaiteur
80. **At-Tawwab** التواب
Qui ne cesse d'accueillir le repentir
81. **Al-Muntaqim** المنتقم
Le Vengeur
82. **Al-Afuww** العفو
L'Indulgent
83. **Al-Ra'uf** الرؤوف
Le Bienveillant en grâce
84. **Malik-ul-Mulk** مالك الملك
Le Maître du Pouvoir
85. **Dhul-Jalāli-wal-Ikrām** ذو الجلال و الإكرام
Détenteur de Majesté qui mérite d'être Exalté
86. **Al-Muqsit** المقسط
L'Equitable
87. **Al-Jāmi'** الجامع
Le Rassembleur
88. **Al-Ghani** الغني
Le Riche par excellence
89. **Al-Mughni** المغني
Qui satisfait les besoins de Ses créatures
90. **Al-Māni'** المانع
Le Défenseur
91. **Ad-Dār** الضار
Qui peut nuire (à ceux qui L'offensent)
92. **An-Nāfi'** النافع
L'Utile
93. **An-Nūr** النور
La Lumière
94. **Al-Hādi** الهادي
Le Guide
95. **Al-Badī'** البديع
L'inventeur
96. **Al-Baqi** الباقي
Le Permanent
97. **Al-Wārith** الوارث
L'Héritier
98. **Ar-Rashīd** الرشيد
Qui agit avec droiture
99. **As-Sabr** الصبور
Le Patient

Notes

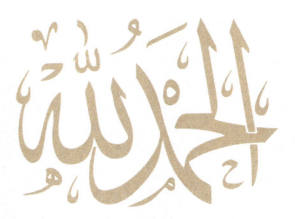

Je demande à Allah qui, par Sa grâce, nous a aidé à mémoriser Ses noms
et attributs, de nous aider à maintenir notre mémoire
pour cet apprentissage dans la durée
et poursuivre sans relâche nos bonnes actions.

Amin

Printed by Amazon Italia Logistica S.r.l.
Torrazza Piemonte (TO), Italy

58326029R00167